Dennis Walker und seine Frau, Lynnie, sind herausragende und reife Diener Gottes, die schon sehr kraftvoll von Gott gebraucht wurden, indem sie das Evangelium treu zu vielen Nationen und Menschen brachten. Dieses Buch steckt voller Schätze – kostbare Offenbarungen der Wahrheit, welche eine lebenslange Suche nach Gott hervorgebracht hat. Die Einblicke, die in diesem Buch enthalten sind, werden deinen Geist nähren.

Patricia King
Gründer von XPmedia.com
Phoenix, Arizona, USA

Lass dich ausrüsten und weiter in deinen Ruf hinein katapultieren, um die Richtung des Heiligen Geistes einzuschlagen. Das Buch von Dennis Walker „Empfange die Initiativen des Himmels" gibt uns Verständnis darüber, wie man die Werke Jesu auf die Art und Weise tut, wie Er es uns aufgetragen hat. Indem du deine geistlichen Sinne aktivierst, kannst du himmlische Dinge sehen und hören und somit Wunder auf die Erde bringen.
Dieses Buch hat das Potential, dein tägliches Leben zu transformieren und somit auch deine Welt. Ich kann dieses praktische Buch wärmstens empfehlen, wenn du lernen willst, ein Leben voller Wunder zu führen.

Ché Ahn
Präsident & Gründer der Harvest International Ministry
Pasadena, Kalifornien, USA

Gott hat nicht nur ein paar von uns dazu berufen „die Sache zu erledigen." Du hast alles, was du brauchst in dir, um die Stimme Gottes zu hören, den Willen des Himmels zu erkennen und ihn in Bewegung zu setzen. Dennis' Buch wird dir zeigen, wie es funktioniert. Lies es und empfange dein Upgrade, um dich höher im Geist zu bewegen als jemals zuvor!

Lou Engle
Gründer von „TheCall"
Kansas City, Missouri, USA

Ich kenne Dennis Walker seit Jahren. Er ist ein starker Mann Gottes mit einem extrem kraftvollen, gesalbten und von vielen Zeichen gefolgten Dienst. Sein neues Buch „Empfange die Initiativen des Himmels" berichtet von einer Erfahrung nach der anderen, wie Gottes Stimme gehört, Visionen gesehen und dementsprechend gehandelt wurde und wie man Wunder geschehen sah! Ich glaube, dass dieses Buch dich ohne Ende inspirieren wird. Dennis' Sehnsucht ist es, dich wissen zu lassen, dass auch du dies erleben kannst. Er ermutigt dich dazu, anzufangen und er zeigt dir wie! Dieses Buch wird ein Segen für dein Leben sein. Lies es und schau, ob du damit übereinstimmst.

Mark Virkler
Autor von „How to hear God's Voice"
Buffalo, New York, USA

Empfange
Die Initiativen
des Himmels

Empfange DIE INITIATIVEN DES HIMMELS

*Der Zugangsschlüssel zur Kraft des Himmels
für jedes Bedürfnis auf Erden*

DENNIS WALKER

Dunamis Publishing

Titel der amerikanischen Originalausgabe:
Catching The Initiatives of Heaven
Copyright © 2010 by Dennis Walker
Originalausgabe: Dunamis ARC Publishing, Las Vegas, Nevada, USA
All rights reserved.

Übersetzung: Helena Russell, Cornelia Russell & Team
Korrektur: Petra Hinojosa & Team

Bibelzitate wurden der Rev. Elberfelder–Übersetzung entnommen.
© 1985, 1992 R. Brockhaus–Verlag, Wuppertal

1.Auflage 2011

© 2011 Dunamis ARC Publishing

Alle Rechte vorbehalten. Dieses Buch ist durch die urheberrechtlichen Gesetze der Vereinigten Staaten von Amerika geschützt. Dieses Buch darf zu kommerziellen Zwecken weder kopiert noch neu gedruckt werden. Die Verwendung von kurzen Zitaten und das gelegentliche Kopieren von Buchseiten zum persönlichen Studium oder zum Studium in einer Gruppe ist erlaubt.

In Deutschland gedruckt.
ISBN 978-0-615-55658-1

Sie können sich gerne mit Lynnie & Dennis Walker in Verbindung setzen, um sie als Sprecher zu Ihrer Konferenz oder in Ihre Gemeinde einzuladen.

Kontaktadresse:	Dunamis Resources
	2413 Jubilance Point Ct.
	North Las Vegas, NV 89032, USA
	1-702-461-0508
	www.DunamisARC.org
Gestaltung & Design:	Carina & Christian Oechsner
	carinachristian@gmail.com
	www.NewCreativeIdeas.com

Dunamis Publishing
Das **Dunamis ARC—Apostolic Resource Center** ist wie der Sauerteig des Königreiches Gottes. „Ein bisschen Sauerteig durchsäuert den ganzen Teig." Wir wollen durch unser Leben und unsere Materialien die Menschen zu einem Leben in der Kraft (*griechisch: Dunamis*) des Heiligen Geistes führen und dadurch die letzte große Erweckung mit vorbereiten.

*Für diejenigen, die ein zweidimensionales Leben wagen,
in dem sie die Kraft des Himmels auf die Erde bringen.*

*Besonderen Dank an Lynnie Walker, meine Frau,
an Tracie Ogando, unsere Tochter,
an Becky Grimshaw
und an Christian und Carina Öchsner.
Ihr habt dieses Projekt möglich gemacht.*

INHALT

VORWORT	**13**
INITIATIVEN – WIE GOTT NORMALERWEISE EINGREIFT	**19**
Die Werke Jesu tun	23
Warum viele Christen keinen Zugang zu der Kraft des Himmels haben	23
Tu es!	25
FÜNF SCHRITTE, UM IN DEN INITIATIVEN ZU WANDELN	**27**
Jeder kann das tun!	32
Hilfe vom Himmel	35
Die Verlorenen erreichen	36
Paradigmen verändern sich - Weltbilder brechen zusammen	37
Es bedarf nur weniger Menschen, um Erweckung herbeizuführen	42
Harte Charaktere empfangen Jesus	44
Schau und höre auf die Anweisungen	46
Frau geheilt – Ehe gerettet	48
Gehorsam – nicht so schwer wie wir denken	50
Übung macht den Meister	52
Gehorsam, selbst wenn es komisch klingt	52
Geheilt vom Krebs nachdem Gott Geheimnisse offenbart	59
Fuß geheilt durch einen einfachen Befehl	62
DAS ZELT – EIN NEUBEGINN	**65**
Begegnungen im Himmel	70
Die drei Ebenen der Beweisführung	71
Göttliche Freundschaft	73
Die im Verborgenen aktivierten Sinne	74
Tiefe Gemeinschaft mit Gott als die Quelle der Versorgung	75
Die Initiativen des Himmels am Ort der Verborgenheit finden	77
Intimität mit Gott setzt Kraft frei	79
Vertiefe deine Beziehung	81
DIE GEISTLICHEN SINNE	**83**
Aktivierung der geistlichen Sinne	86
Geistliche Reife	87
Die fünf geistlichen Sinne	88

Geistliches Sehen	88
Geistliches Hören	93
Der geistliche Geschmacks- und Geruchssinn	99
Der geistliche Tastsinn	111
WAS UNSERE GEISTLICHEN SINNE BLOCKIERT	**117**
Verdammnis	118
Das unversöhnliche Herz	122
Die neun tödlichen Umarmungen	124
Stolz und Anmaßung	133
Anmaßung widerstehen	135
Achtung Grube!	139
Ein furchtsames Herz	141
Ein abgelenktes Herz	143
Bewusstsein des Himmels	145
DIE WIEDERVEREINIGUNG VON HIMMEL UND ERDE	**147**
Der Himmel kommt auf die Erde	150
Der Himmel übertrumpft die Erde	151
Himmel und Erde – geschaffen, um sich zu überschneiden	151
Jesus – zweidimensional, im Himmel und auf der Erde	154
Wir sind zweidimensional	156
Jesus empfing Initiativen vom Himmel	158
Der biblische Kontext	159
Wie man die Werke des Königreichs tut	161

Vorwort

Mein Leben mit Dennis war von Anfang an ein Abenteuer! Er war schon immer ein Vorreiter, immer die vorderste Front anstrebend, im Natürlichen sowie im Geistlichen. Und ich, Lynnie Walker, die ich Routine und Ruhe liebe, habe gelernt, mich von diesem Strom mitreißen zu lassen und die Fahrt zu genießen! Beispielsweise hatte ich Angst vor dem Fliegen; doch heute springe ich fast jeden Monat mit Dennis in ein Flugzeug, um in noch ein anderes Land zu gehen, noch eine Botschaft zu predigen und noch mehr Menschen zu aktivieren. Damit du verstehst, was uns geprägt hat, muss ich dir ein bisschen von unserem Hintergrund erzählen.

Dennis und ich sind beide als Pastorenkinder aufgewachsen und trafen uns als Teenager auf einer Konferenz in Texas; er kam aus Kalifornien und ich aus Florida. Drei Jahre später, im Jahr 1974, heirateten wir im höher gelegenen peruanischen Dschungel am Fuße der Anden. Den größten Teil meiner Kindheit wurde ich von meinen Eltern in Peru aufgezogen, die dort als Missionare dienten. Mein Vater führte die Hochzeitszeremonie durch, Einheimische brachten Blumen aus dem Dschungel und ich nähte mein eigenes Hochzeitskleid und backte den Kuchen. Ein Jahr später wurde das erste unserer drei Kinder geboren. Heute sind sie alle drei verheiratet, dienen dem Herrn und haben uns bereits vier Enkelkinder geschenkt.

Dennis und ich dienten dem Herrn in diesen sechs Jahren in Peru ohne jegliche Unterstützung aus den Vereinigten Staaten; wir lebten also unter denselben Bedingungen, wie die Menschen, denen wird dienten – nicht unbedingt empfehlenswert, doch wirklich nützlich, um die Kultur und die Menschen kennen zu lernen. Dennis betrieb Ackerbau und ging jagen, während ich unsere Kleider im Fluss wusch, da wir weder Elektrizität noch fließendes Wasser hatten. Ich spielte das Akkordeon und unterrichtete in der Schule, Dennis spielte Gitarre und predigte – was viele Reisen zu Lande, zu Luft und zu Wasser mit sich brachte. Diesen Teil unseres Lebens habe ich in meinem Buch „Begegnungen im Himmel" detailliert beschrieben.

Im Jahr 1985 sind wir nach Las Vegas im Bundesstaat Nevada gezogen, wo wir Pastoren spanisch- und englischsprechender Gemeinden wurden. Die Lehren John Wimbers haben uns maßgeblich geprägt und uns auf eine neue Ebene im Bereich der Heilung gebracht. Eine der ersten Frauen, der wir dienten, wurde von neununddreißig Tumoren geheilt!

1995 wurden wir stark von der Ausgießung des Heiligen Geistes in Toronto beeinflusst. Unser Leben, unsere Kinder – die sehr reale Begegnungen mit Gott hatten – und unsere Gemeinde sollten niemals wieder dieselben sein. Wir kamen auf eine höhere Ebene von Gottes manifester Gegenwart und Kraft im Bereich der Heilungen und Wunder. Dennis wurde sogar gebraucht, um zwei Menschen in Las Vegas von den Toten aufzuerwecken. Eine dieser Geschichten wurde in einer Zeitung mit der Schlagzeile „Miracle Baby" („Wunderbaby") veröffentlicht.

Falls du denkst, es geht um uns, hast du dich geirrt. Es geht um einen liebenden Vater im Himmel. Es geht um die Kraft des vergossenen Blutes Jesu. Es geht darum, dass man vom Himmel her hört und gehorsam ist. Für Gott ist es genauso einfach, Kopfschmerzen zu heilen wie Tote aufzuerwecken. Jeder von uns kann lernen, die Initiativen und Anweisungen zu ergreifen, die von demjenigen kommen, der alle Kraft hat, und sie dementsprechend auf der Erde umzusetzen. Gleichzeitig ist Er treu darin, uns durch Zerbruch zu führen, damit wir demütig bleiben und in Gefäße Seiner Herrlichkeit verwandelt werden.

2002 hatte Dennis eine lebensverändernde Erfahrung. Nachdem er bei einer „Open Heavens"-Konferenz in Britisch Kolumbien in Kanada war, sprach Gott auf dem Rückweg zu ihm, dass er ein Zelt kaufen solle, sobald er zu Hause sei, um in diesem Zelt Zeit mit Ihm zu verbringen. Zu Hause angekommen kaufte Dennis sofort ein Zweimannzelt, baute es in unserem Haus auf und begann, dort ausgedehnte Zeiten in der Gegenwart Gottes zu verbringen. Er fing an, Erlebnisse im Himmel zu haben, in denen Jesus ihm erstaunliche Einblicke gewährte. Alles, was Jesus ihn dort lehrte, predigte Dennis anschließend in der Gemeinde!

Eines Tages sagte ich zu Dennis: „Ich mag es, wenn du Zeit im Zelt verbringst." „Warum?", fragte er. „Weil du so zärtlich herauskommst." Die Zeiten in der Gegenwart Gottes veränderten zusehends seinen Charakter! Zur selben Zeit erlebten wir eine Zunahme von Wundern. Dennis fing an, sich auf einer neuen Ebene von Worten der Erkenntnis für Menschen zu bewegen; manchmal wurden ihm sogar ihre Namen und Krankheiten offenbart. Er erlebte auch eine neue Dimension von Offenbarung. Manche der einfachen und doch tiefen Wahrheiten in diesem Buch stammen aus jenen Zeiten im Zelt. Einige der Offenbarungen werden in künftigen Büchern erscheinen.

Etwa um das Jahr 2003 gaben wir das Pastorat unserer Gemeinde ab und wurden im apostolischen Dienst mit der Aufsicht über ein Netzwerk sowie mit einem weltweiten Reisedienst betraut.

Gott ließ uns im Jahr 2004 ein Trainingszentrum in Las Vegas eröffnen, das wir Dunamis nannten. Hier wollten wir Menschen aktivieren, sowohl von Gott zu hören und zu sehen als auch die übernatürlichen Werke Jesu zu tun und diese auf die Straße zu bringen. Menschen, die von der Kraft Gottes berührt werden, werden zu einer Begegnung mit Jesus geführt und lernen ihn kennen. An dieser Stelle könnte ich viele Zeugnisse über Wunder erzählen, aber viel wichtiger ist Folgendes: Wenn Gott in Las Vegas wirken kann, dann kann Er es überall!

Überall auf der Welt haben wir Menschen erlebt, die nicht nur in ein Leben voller Wunder hineingeführt wurden, sondern auch in einflussreiche Positionen in der Politik, in den Medien und in der Geschäftswelt, indem ihnen himmlische Ideen gegeben wurden. Oftmals wurde das prophetisch über ihnen freigesetzt.

Ich kann mich an ein Ereignis in Brasilien erinnern, als Dennis über einem Mann prophezeite, dass er dazu bestimmt sei, politisch Einfluss zu nehmen. Ein Jahr später bekannte uns der Mann, dass er die Prophetie nur für eine nette Geste Dennis' gehalten hatte und entschuldigte sich dafür. Er erzählte ihm, dass er tatsächlich in eine hohe Position gekommen war, wo er Einfluss auf Regierungsoberhäupter nehmen kann. Dieser Mann hatte eines Tages plötzlich eine Idee vom Himmel empfangen, die überall gut ankam. Sein nächster Termin war mit dem Präsidenten von Brasilien! Ich glaube, dass dies durch das prophetische Wort über ihm freigesetzt worden war.

Wir glauben, dass Gott ein prophetisches Volk aufbaut, das lernen wird, Zugang zum Himmel zu haben, die Initiativen des Himmels zu empfangen und die Weisheit und Kraft des Himmels auf die Erde zu bringen. In der Bibel stiegen Joseph und Daniel in die einflussreichsten Ämter auf, da sie die Stimme Gottes hören konnten. Dies wird jedem möglich sein, der willens ist zu lernen, wie man hört und sieht, was im Himmel passiert, und es auf die

Erde bringt.

Dennis war schon immer der Meinung, dass man am leichtesten erkennen kann, ob man von Gott hört, wenn man die Ergebnisse betrachtet. Man kann zum Beispiel die Ergebnisse im prophetischen Dienst messen – entweder hast du recht oder du liegst falsch – wie auch im Bereich der Heilung – entweder werden sie geheilt oder nicht. Während du lernst, wirst du Fehler machen, aber so wirst du wachsen. Die Bibel sagt: „Wir erkennen stückweise, und wir prophezeien stückweise". Sie fordert uns aber auch auf, zu unterscheiden: „Prüft aber alles, das Gute haltet fest."

Also probiere es einfach aus, beim Einkaufen oder an deinem Arbeitsplatz – und ganz besonders dort, wo du Menschen in Not siehst. Tu es auf eine sanfte und natürliche Art. Schau dir selber zu, wie du darin wächst, auf Gott zu hören und die Initiativen des Himmels zu ergreifen, um der Welt Antworten zu geben. Komm und schließe dich der prophetischen Armee auf Erden an.

Ich hoffe, dass du nicht einfach nur Gefallen am Lesen dieses Buches findest, sondern dass du auch anfängst, das Gelesene umzusetzen.

Lynnie Walker

Autor:
Begegnungen im Himmel
Ten Ways God Speaks

Empfange die Initiativen des Himmels

1

Initiativen – wie Gott normalerweise eingreift

Eines Tages brach ich mir eine Zehe, die anschwoll und grün und blau anlief. Als meine Frau Lynnie nach Hause kam, mich im Bett liegen sah und auf meinen Fuß schaute, rief sie: „Du Armer!"

„Ich brauche kein Mitleid", antwortete ich, „ich brauche eine Initiative des Himmels für meine Heilung!" Die Situation war ernst! Ich sollte in ein paar Tagen auf einen Missionseinsatz gehen und wollte nicht durch die Gegend humpeln. Also lief Lynnie den Flur zu unseren Freunden John und Glenna Miller hinunter und sagte ihnen, dass wir von Gott über meine Heilung hören müssten.

Sie wurden still und richteten ihre geistlichen Antennen sofort auf den Himmel, auf Jesus aus. „Ich habe gerade kurz ein Bild gesehen von etwas, was wir tun könnten", sagte John, „aber es wirkt sehr albern."

„Oh, gut, so was funktioniert immer am besten!", rief Lynnie.

So kamen sie also den Flur hinauf in mein Zimmer. John hatte das empfangen, was ich eine „Initiative des Himmels" nenne, sprich eine konkrete Anweisung, für meine Heilung. Er hatte ein Bild von Jesus gesehen, wie er Wasser auf meine Zehe gegossen hatte. Er nahm also eine Flasche Wasser, legte ein Handtuch unter meinen Fuß und goss ein wenig Wasser auf meine Zehe. „Das ist alles, was ich Jesus tun sah", meinte er und ging.

Innerhalb von fünfzehn Minuten war jeder Schmerz verschwunden. Ich stand auf und lief zu unserer Couch im Wohnzimmer. Als ich nach einer Dreiviertelstunde nochmal auf meine Zehe schaute, war auch die Schwellung vollkommen zurückgegangen! Und nicht nur das, die dunkle Färbung war ebenfalls komplett verschwunden. Nun, grüne und blaue Flecken verschwinden normalerweise nicht so schnell. Aber mein Freund hatte aus dem Ort der Verborgenheit eine Initiative des Himmels mit Hilfe geistlicher Sinne empfangen – und das Wunder geschah. Ich war komplett geheilt und konnte umherlaufen, als sei nichts passiert, und so auch pünktlich auf meinen geplanten Missionseinsatz gehen. Das war keine Formel, die man jedes Mal wiederholen kann; es war nur für diesen Fall. Es war eine Initiative des Himmels.

Gottes übernatürliches Eingreifen in die Angelegenheiten der Menschen geschah durch die ganze Bibel hindurch normalerweise durch Dialoge und Instruktionen vom Himmel. Gott begegnete Nöten und überwand Probleme – angefangen beim ersten Buch Mose bis hin zur Offenbarung –, indem er redete und genaue Anweisungen gab. Sobald diese Anweisungen auf der Erde umgesetzt wurden, geschahen Wunder.

Oftmals beten Menschen sinnlose, kraftlose Gebete und hoffen, dass Gott auf magische Art und Weise ihre Situation verändert, indem er eine andere Person zu einem späteren Zeitpunkt benutzt. Doch so arbeitet Gott nicht. Durch die ganze Bibel hindurch schrien Leute zu Gott und wurden dann still, um Seine Stimme zu hören. Er sagte ihnen, was sie tun sollten, und sobald sie es taten, veränderten sich die Dinge auf wundersame Art und Weise.

Im Alten Testament zum Beispiel schrie das Volk in der Wüste nach Wasser. Gott sagte, sie sollen einen Stab nehmen und auf den Felsen schlagen. Es war ein ganz bestimmter Stab, ein ganz bestimmter Fels gemeint – eine genaue Handlungsanweisung, wie das Wasser hervorkommen sollte. Durch ihren Gehorsam passierten Dinge. Es geschahen Wunder.

Du und ich werden Seine Werke nur auf Seine Art tun können. Die einzige Formel, die ich kenne, um diese Werke zu tun, ist: Sehen, Hören, Gehorchen. Schon Jesus hat es so getan. In Johannes 5,19 sagte Jesus: „Der Sohn kann nichts von sich selbst tun, außer was er den Vater tun sieht; denn was der tut, das tut ebenso auch der Sohn". Der Schlüssel für göttliches Eingreifen in Bezug auf Heilung, Befreiung oder Versorgung ist, die Initiativen des Himmels zu ergreifen, indem man im Geist hört und sieht. In der Schrift steht sehr deutlich: „Meine Schafe hören meine Stimme". Du kannst seine Stimme hören, wann auch immer jemand zu dir kommt, der ein Wunder braucht. Sprich nicht einfach nur ein Gebet, ohne wirklich damit zu rechnen, dass Gott redet oder dir etwas offenbart – erwarte, dass Er dir Dinge zeigt! Erwarte von Ihm, dass Er dir Anweisungen gibt – und nimm dir bewusst die Zeit dafür. Bete so: „Herr, ich bitte dich, dass du diese Person jetzt berührst. Hier ist ihre Not." Werde dann still: „Herr, wir warten auf dich, sprich zu uns." Gott wird dir Impulse in Form von Bildern, Worten oder Gedanken geben, um dir Seine Anweisungen für die vorliegende Not mitzuteilen.

Eine weitere Geschichte aus der Bibel, ist die von Naeman, dem Leprakranken, der aus einem fernen Land zu dem Propheten Gottes kam, um Heilung zu empfangen. Er hatte Geld und Zeit investiert, um sich mit einer ganzen Gruppe auf die Reise begeben zu können und er war mit Schätzen beladen, da er erwartete, für die Heilung bezahlen zu müssen. Als er schließlich Elisa antraf, war die Botschaft alles andere als begeisternd: „Tauche siebenmal im Fluss Jordan unter und du wirst geheilt werden." Wasser hatte ihn bisher noch nie geheilt. Doch er hatte keine Ahnung, dass es sich um mehr als Wasser handelte. Es war die Initiative des Himmels, die zufälligerweise Wasser beinhaltete!

DIE WERKE JESU TUN

In Matthäus 10 bevollmächtigte Jesus seine Jünger, loszugehen und das zu tun, was Er selbst getan hatte – das Reich der Himmel verkünden, Kranke heilen, Tote auferwecken, Aussätzige reinigen und Dämonen austreiben. So sollte Sein Reich ausgebreitet werden. Sie sollten nicht nur mit Worten predigen, sondern „in Tat" – mit dem zweischneidigen Schwert der Proklamation und Demonstration.

Später sandte Jesus den Heiligen Geist zu seinen Jüngern, taufte sie in Ihm und bevollmächtigte sie, das zu erfüllen, wozu Er sie berufen hatte, bis „die Enden der Erde" erreicht wären. Die ersten Jünger begannen dieses Werk, erreichten aber nicht die Enden der Erde zu ihren Lebzeiten. Somit ist dieselbe Bevollmächtigung, die Werke Jesu zu tun, auch heute noch für uns gültig. Gott will jede ethnische Gruppe auf der Erde in sein Reich ziehen, um die Tür für Seine Wiederkunft zu öffnen.

WARUM VIELE CHRISTEN KEINEN ZUGANG ZU DER KRAFT DES HIMMELS HABEN

Viele Christen verpassen es, sich nach dieser „Hilfe vom Himmel" auszustrecken, da sie glauben, dass die Zeichen und Wunder mit den ersten Aposteln aufgehört haben. Sie erwarten nicht, dass Gott auch heute noch heilt und Wunder tut.

Andere erfüllen diesen Auftrag nicht, da sie in einer Vorstellung vom Reich Gottes leben, die auf das Kommende konzentriert ist. Sie glauben, dass die Kraft Gottes für ein Ereignis in der Zukunft aufbewahrt wird und erkennen nicht, dass das Reich der Himmel sowohl gegenwärtig als auch zukünftig ist. Wir können Königreichs-*Dunamis* (griechisch für „gewaltige Kraft") sofort haben, sobald wir auf den Himmel zugreifen, in der Erkenntnis, dass die ganze Fülle des Reiches erst offenbar wird, wenn Christus wiederkommt.

Wieder andere haben einfach nicht verstanden, wie sie auf diese Hilfe des Himmels zugreifen können, um sie an andere weiterzureichen. Sie verstehen nicht, dass Gott uns mit allem versorgt, was wir brauchen, um bereits heute ein Leben voller Wunder zu führen, was mit einschließt, dass er uns geistliche Sinne gegeben hat, mit denen wir Zugang zu Seiner Kraft haben.

Ein anderer Grund, warum Menschen nicht in den übernatürlichen Werken Jesu wandeln, ist, dass unsere derzeitige christliche Kultur uns damit zufrieden sein lässt, Wissen als Selbstzweck anzuhäufen. Leider könnte vieles im heutigen Gemeindesystem ohne den Heiligen Geist weiterlaufen. Wir haben gesagt: „Segne unsere Werke!" anstatt zu sagen: „Leite uns durch Deinen Heiligen Geist!". Aber das wird bald anders werden!

Gott baut eine Armee von Menschen auf, die sagen: „Dein Reich komme, Dein Wille geschehe, wie im Himmel, so auch auf Erden", und die gewillt sind, ein Gefäß zu sein, um die Hilfe des Himmels weiterzureichen, indem sie auf der Erde das tun, was Er im Himmel tut.

Tu es!

„Ist hier jemand, der eine Narbe an der Hand hat und dessen kleiner Finger nicht mehr funktioniert?", fragte ich. Eine Frau, die an der Hintertür stand, erhob ihre Hand und ich rief sie nach vorne.

Es war das Ende einer Veranstaltung auf einer Konferenz in Pucallpa, Peru. Nach der Predigt hatte ich entschieden, auf den Herrn zu warten und zu sehen, was Er tun würde. In jenem Moment sah ich ein geistiges Bild von einer Hand mit einer Narbe unterhalb des kleinen Fingers, der nicht mehr beweglich war.

Während die Frau nach vorne kam, forschte ich weiter nach dem, was der Herr genau tun wollte. Der Herr gab mir ein Wort der Erkenntnis, dass sie einen Streit mit jemandem gehabt hatte, den sie liebte. „Hast du dich mit jemanden, den du liebst, gestritten?" fragte ich sie. Sie fing an zu weinen und sagte: „Ich hatte gerade einen Streit mit dem Mann, mit dem ich zusammenlebe. Er hat mich zu Hause rausgeschmissen. Ich bin die Straße hinuntergelaufen und sah Menschen an der Türschwelle stehen. Ich wollte sehen, was hier passiert und dann hast du gefragt, ob hier jemand sei, der eine Narbe an der Hand hat und einen Finger, der nicht mehr funktioniert."

Spätestens dann war mir klar, dass sie Errettung vor allem anderen benötigte. Als ich sie fragte, ob sie Jesus in ihr Herz und ihr Leben aufnehmen wolle, antwortete sie: „Ja!". Es war nicht mehr notwendig, sie groß zu überzeugen, nachdem der Herr schon so viel offenbart hatte. Also sprach ich mit ihr ein Gebet, in dem sie den Herrn als ihren Retter annahm.

Dann fragte ich den Herrn, ob er noch etwas anderes für sie

hätte. Er sagte mir, dass ich ihr einfach meine Hände auflegen und sie segnen sollte. Also bat ich um ihre Erlaubnis: „Darf ich dir meine Hände auflegen und dich segnen?". Sie sagte: „Ja!" Also legte ich ihr meine Hände auf und segnete sie im Namen Jesu.

Plötzlich fing sie an auf und ab zu springen und begann ein paar Minuten lang in Sprachen zu beten! Als sie aufhörte, schaute sie mich an und fragte: „Was war das?". Ich setzte sie neben einen der Pastoren, der ihr erklärte, was ihr gerade alles passiert war. Der Herr gab uns nicht den Auftrag, für ihren Finger zu beten, sondern benutzte dies nur, um sie zu identifizieren.

Am Abend darauf brachte die Frau ungefähr zwanzig Freunde und Familienangehörige zu der Veranstaltung mit. Sie alle gaben ihr Herz dem Herrn!

Indem wir Dinge von Gott hörten und sahen (durch die Aktivierung der geistlichen Sinne des Hörens und Sehens), berührte der Herr eine verlorene Seele und brachte sie in Sein Reich. Sie wurde außerdem mit dem Heiligen Geist gefüllt, um sie für ihren Weg mit Jesus zu bevollmächtigen. Der Herr gebrauchte sie, um ihre Familie und Freunde zu Jesus zu führen. Wie die Frau am Brunnen sagte sie: „Komm und triff denjenigen, der mir alles über mein Leben erzählt hat!" Hilfe vom Himmel war in die Stadt Pucallpa nach Peru gekommen.

2

Fünf Schritte, um in den Initiativen zu wandeln

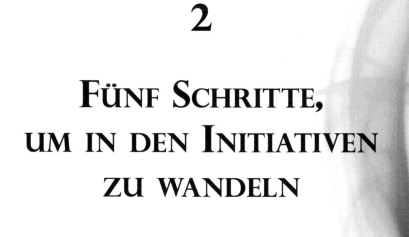

Fünf Schritte sind notwendig, um in den Initiativen zu wandeln und zu sehen, wie Wunder geschehen. Die Zahl 5 steht für Gnade. Gnade ist nicht nur unverdiente Gunst, sondern auch Gottes befähigende Kraft. Gnade ist Seine Kraft, die durch uns wirkt.

Schreie zu Gott

Der erste Schritt ist, dass man zu Gott schreit. Viele empfangen nichts von Gott, da sie Ihn nicht bitten. Sie rennen zu ihren eigenen Hilfsquellen. Sie rennen zum Arzneischrank, rennen um ein Darlehen aufzunehmen oder rennen weg, sobald es ein Beziehungsproblem gibt. Gott aber will, dass wir Ihn zuerst fragen und herausfinden, was Er von uns erwartet, wie wir mit unseren Problemen umgehen.

Als die Kinder Israels von den Ägyptern verfolgt wurden, schrien sie zu Gott: „Rette uns!". Es spielt wirklich keine Rolle, wer zu Gott schreit, Hauptsache irgendjemand tut es!

Werde still und höre

Wenn du zu Gott geschrien hast, dann höre auf zu schreien, um von Ihm hören zu können. Der nächste Schritt ist, still zu werden und zu hören. Die meisten Christen denken, dass es im Gebet nur darum geht zu reden, aber sie verstehen nicht, dass es eigentlich wie telefonieren ist. Du sprichst und dann hörst du zu. Gott wartet darauf, uns ein paar Antworten vom Himmel zu geben. Im Grunde kannst du das gleiche Verhältnis von Reden und Zuhören anwenden, wie es schon in unserem Körperbau illustriert ist, nämlich mit einem Mund und zwei Ohren. Verbringe doppelt so viel Zeit mit zuhören, als mit reden!

Setze deinen Fokus auf Jesus

Als dritten Schritt ist es notwendig auf Jesus zu schauen. Wir können unseren Mund ruhigstellen, nicht aber unsere Gedanken. Also müssen wir lernen, den Fokus unserer Gedanken auf Jesus zu richten. Kolosser 3 lehrt uns, unsere Gedanken auf das, was im Himmel ist, zu richten, wo Christus zur Rechten Gottes sitzt (Neue Genfer Übersetzung).

Empfange die Initiativen des Himmels

Der vierte Schritt ist, die Initiativen des Himmels für das gerade aktuelle Anliegen zu empfangen, indem man hört, was Jesus sagt - oder sieht, was er tut. Zapfe den spontanen Fluss von Bildern und Worten an, um die Initiativen des Himmels zu empfangen. Gott will zu dir über die Dinge sprechen, die du ihn gefragt hast. Normalerweise gibt er auch eine Anleitung dazu, welche die Lösung für das Problem hervorbringen wird.

Gehorche der Initiative

Im fünften und letzten Schritt geht es darum, das umzusetzen, was Jesus einem gezeigt hat. Gib den Dingen, auf die du gehofft hast, eine Substanz, indem du sie durch deine gehorsamen Taten und Worte vom Himmel auf die Erde ziehst. Du wirst zum sichtbaren Beweis für die unsichtbaren Dinge werden, wenn die Kraft des unsichtbaren Königreichs in deinem Leben demonstriert wird. In Hebräer 11,1 steht: „Der Glaube aber ist eine Verwirklichung (die Substanz) dessen, was man hofft, ein Überführt Sein (der sichtbare Beweis) von Dingen, die man nicht sieht." Du wirst sehen, wie das Wunder Realität wird.

Dieses Muster zieht sich durch die gesamte Schrift hindurch.

Empfange die Initiativen des Himmels

Wenn Gott auf Gebete antwortet, tut er das die meiste Zeit durch Anweisungen durch sein gesprochenes Wort oder in Visionen. Das Volk in der Wüste schrie nach Wasser. Mose betete: „Gott, das Volk hat Durst und will mich umbringen. Was sollen wir tun?"

Mose bat Gott nicht einfach um Wasser, um gleich darauf wegzulaufen. Er entschied auch nicht im Voraus, wie Gott antworten sollte: „Also Gott, wir wissen, dass Du auf eine geheimnisvolle Art und Weise antwortest und haben Glauben für eine Millionen Wasserkrüge." Er versuchte auch nicht, Gott durch eine Reihe falscher Annahmen in seinen vorgefassten theologischen Rahmen zu zwängen.

So oft tun wir genau das – wir glauben zu wissen, wie Gott handeln wird. Dies wird oftmals in unseren Gebeten demonstriert, in denen wir annehmen, dass Gott eine andere Person an einem anderen Ort zu einer anderen Zeit auf eine andere Art und Weise benutzen wird, anstatt uns selbst im Hier und Jetzt. Unsere falschen Annahmen berauben uns der Kraft des Himmels. Gott will, dass wir in dem Moment, in dem wir beten, eine Initiative empfangen, die ein Wunder freisetzen wird.

Mose kam zu Gott, betete und empfing anschließend die Initiative des Himmels, die da war: „Nimm den Stab, lauf zu diesem Felsen dort und schlage auf ihn." Diese Initiative des Himmels überwand den Durst auf Erden. In 1. Johannes 5,4 steht: „Denn alles, was aus Gott geboren ist, überwindet die Welt." Also setzte er die Anweisungen in die Tat um und das Wasser floss heraus.

Erinnere dich an die Bibelgeschichte von den Söhnen der Witwe, die in die Sklaverei verkauft werden sollten. Die Witwe schrie zu Gott und klagte einem Propheten ihr Leid. Daraufhin schrie auch er zu Gott. Die meisten von uns würden in diesem

Fall ein hübsches kleines gewöhnliches Standardgebet sprechen und denken, wir hätten damit unsere Pflicht erfüllt. Dann würden wir sagen: „Wenn Gott sie jetzt nicht befreit, dann ist es Sein Problem und ihr Problem." Die Wahrheit ist aber, dass wir von falschen Annahmen ausgegangen sind. Die richtige Annahme wäre, dass Gott sein Wort sendet. Die Schrift sagt, dass Er sein Wort sandte und sie heilte. Er sendet Sein Wort um kreative Antworten zu geben. Er sendet es, um Anweisungen für „jetzt und sofort" zu geben. Gott „wirft" den Ball - gibt es jemanden, der ihn „fängt"?

Er sucht nach verfügbaren Gefäßen auf dieser Erde, um die Kraft Seines kreativen Wortes freisetzen zu können. Glücklicherweise hatte Er einen Propheten, der die Führung Gottes empfing und zu der Frau zurückkam und ihr die Anweisung gab: „Geh und hole Gefäße von all deinen Nachbarn. Fülle dein Haus mit Krügen und Schüsseln und Kannen und mit allen verfügbaren Gefäßen, die du finden kannst - nicht nur ein paar! Fülle dein Haus." Das war die erste Anweisung und sie ging hinaus und befolgte sie.

Dann kam die schwer zu verstehende Anweisung: „Nun nimm diesen kleinen Ölkrug und fülle die anderen Gefäße damit." Sie war mit Sicherheit mehr als skeptisch: „Einen Augenblick mal! Es ist nur ein kleiner Rest Öl übrig und du willst, dass ich damit all diese Gefäße fülle?" Er sagte: „Tu es!" Und sie tat es. Durch ihren Gehorsam konnte das Wunder geschehen. Der kleine Krug goss fortwährend Öl aus, bis das ganze Haus voller Öl war. Sie verkaufte alles und rettete somit ihre Familie.

Diese Art von Initiative kommt durch göttliche Führung, um Antworten auf Nöte zu geben. Gott will das mit jedem von uns tun. Nun, ich glaube, dass Gott es auch ohne Initiativen tun könnte, allein um uns Seine Souveränität zu zeigen. Doch ich glaube, dass Gott die meiste Zeit handelt, wenn wir zu Ihm kommen und Er dann zu uns sagt: „Du bist mein Kind. Ich habe eine Beziehung mit dir und ich werde dir die Gedanken meines Herzens über dieses Problem offenbaren. Die Gedanken, die von meinem Herzen ausgehen, überwinden jede Not der Welt." Wenn wir in diesem dynamischen Fluss von himmlischer Kommunikation und kraftvollen Taten wandeln, werden Gottes oberste Prioritäten erfüllt. Die verlorenen Söhne und Töchter werden nach Hause gebracht und in diesem Prozess werden wir unseren Gott kennen lernen!

Sobald du anfängst, die Initiativen Gottes zu empfangen und sie auf die Erde bringst, wirst du sehen, wie sich alles um dich herum verändert. Die Kranken werden geheilt, die Toten werden auferweckt, die Gefangenen werden befreit, Versorgung und Weisheit und Erkenntnis werden kommen. Du bist die Leiter zum Himmel. Du bist die Verbindung zu der Kraft des Himmels durch den Heiligen Geist. Fange an, die Initiativen des Himmels zu empfangen und beobachte, wie Himmel und Erde verschmelzen.

Jeder kann das tun!

Als Nachfolger Jesu Christi wurden wir bevollmächtigt, die Herrschaft auf dieser Erde zu übernehmen, während wir in unseren physischen Körpern sind. Noch nicht einmal die Engel haben hier solch eine Herrschaft. Sie wurden lediglich dazu gesandt, uns zu assistieren, während wir vom Heiligen Geist geleitet werden. Sobald wir beten, sprechen oder handeln, sind sie mit uns.

Wir sind die Verbindung zwischen der Kraft des Himmels und der Erde, genau wie Jesus es war (Johannes 1,51). Wenn wir in den Himmel blicken und auf der Erde das tun, was Er im Himmel tut, werden Zeichen und Wunder freigesetzt. So bewegte sich auch Jesus mit seinem Vater auf der Erde und hinterließ uns damit ein Beispiel.

Jesus sagt, dass wer an Ihn glaubt, auch Seine Werke tun wird (Johannes 14,12). Das bedeutet, dass diese Kraft für eine ganz bestimmte Sorte von Menschen verfügbar ist: für diejenigen, die an Ihn glauben! Sie ist nicht nur für die Profis da. Der Herr will die Denkweise Seiner Gemeinde verändern, damit Leiter, so wie auch Mitglieder erkennen, dass jeder von ihnen die Werke Jesu tun kann. Sie können die Kranken heilen, die Toten auferwecken und sie können Menschen zu Jesus führen.

Wir müssen die Mentalität loswerden, dass nur „die Gesalbten" der Gemeinde alles tun. Der Zweck des fünffältigen Dienstes – Apostel, Propheten, Evangelisten, Hirten und Lehrer – ist, dass alle Gläubigen ausgerüstet und beauftragt werden, diese Werke zu tun (Epheser 4,11-12). Wir alle sollten „die Gesalbten" sein!

„Derjenige, der an mich glaubt" beinhaltet auch „diejenige". Die kommende Erweckung wird nicht völlig kommen, bis nicht die Frauen gestärkt und in ihrer Position in Christus wiederhergestellt worden sind. Die Bibel sagt in 1. Korinther 11,3, dass der Mann das Haupt der Frau ist. Aufgrund von Missverständnissen und einem Konzept, dass Männer irgendwie besser seien, sind viele Frauen in ihrem Dienst beschränkt. Aber in derselben Bibelstelle steht auch, dass das Haupt von Christus Gott und dass das Haupt des Mannes Christus ist. Welches Model der Leitung („Haupt sein") legten sie vor? Gott sagte zu Christus: „Komm herauf und regiere mit mir." Jesus sagt zur Menschheit: „Komm herauf und sitze mit mir auf meinem Thron." Also ist die Botschaft an die Frauen diese: „Erhebe dich und lass uns zusammen herrschen – lass uns die Werke Jesu gemeinsam vollbringen." Gott beruft sowohl Männer als auch Frauen dazu, Seine Werke zu tun.

Auch Männer sind auf eine spezielle Art dazu berufen, Jesu Werke zu tun. Manche Gemeinden haben eine Frauenmehrheit, aber Gott erhebt Männer, dass sie ihre Autorität in Christus und ihr mächtiges Potential, die Werke Jesu zu tun, erkennen.

Jugendliche und Kinder sind darin inbegriffen, die Werke Jesu zu tun. Sie werden besonders in der kommenden Welle des Heiligen Geistes gebraucht werden. In Joel 2 steht, dass Er in den letzten Tagen den Geist „auf Seine Söhne und Töchter" ausgießen wird.

In Epheser 2,10 steht, dass wir zu guten Werken geschaffen sind – und nicht nur irgendwelche guten Werke. Die Werke, die schon im Voraus vorbereitet wurden. Jesus wandelte in diesen Werken, damit wir Ihm folgen können. Er kam auf die Erde vom Himmel, um uns ein Beispiel davon zu geben, wie wir leben sollen. So wie er sich auf der Erde (und auf dem Wasser) bewegte, sollen wir es auch tun!

Sobald wir uns darüber bewusst werden, dass wir dazu berufen und bevollmächtigt wurden die Werke Jesu zu tun, stellt sich die Frage: *Was sind die Werke Jesu?* Jesus gibt uns eine Liste von diesen Werken.

In Matthäus 10, 7-8 sagt er: „Wenn ihr aber hingeht, predigt und sprecht: Das Himmelreich ist nahe gekommen. Heilt Kranke, weckt Tote auf, reinigt Aussätzige, treibt Dämonen aus! Umsonst habt ihr empfangen, umsonst gebt!"

Der erste Punkt in dieser Passage ist zu predigen. Wir sollen das Evangelium des Reichs der Himmels predigen, nicht nur das Evangelium der Erlösung. Erlösung ist einfach nur der Zugang ins Reich der Himmel. Erlösung ist der Weg hinein; es ist die Tür, die zu all den anderen Aspekten des Reiches führt. Wenn wir uns auf das Reich der Himmel konzentrieren, werden wir sehen, wie die Kraft des Reiches in unserem Leben wirkt.

HILFE VOM HIMMEL

Vor Jahren hatte ich eine beeindruckende Vision, in der ich ein Stadion sah, welches mit tausenden von Menschen gefüllt war, die gekommen waren, um viele Wunder, Heilungen und Auferweckungen zu sehen, die dort geschahen. Ich sah, wie weltliche Firmen diese Veranstaltung sponserten und durch Fernsehen und andere Arten von Medien verbreiteten. Ich sah sogar, wie eine ganz spezielle Zahnpasta Marke einer der Sponsoren war.

Auf der Tribüne sah ich ein großes Banner mit der Aufschrift: *HILFE VOM HIMMEL IST AUF DIE ERDE GEKOMMEN.*

Der Herr erklärte mir, dass Er die Botschaft „Das Reich der Himmel ist nahe" in einem neuen Zusammenhang definiert, in einer Sprache, die die heutige Generation verstehen kann. Die Botschaft des Reiches sollte so weitergegeben werden: „ES GIBT HILFE VOM HIMMEL FÜR DICH!" Die ursprünglichen Empfänger dieser guten Nachricht des Reiches waren das jüdische Volk. Sie hatten die Prophetien des Reiches schon seit Jahrhunderten weitergetragen und wussten, dass das Reich Hilfe vom

Himmel bringen würde. Doch wenn du heute an irgendeiner Straße stehen und verkünden würdest, dass das Reich Gottes nahe sei, würden die Menschen annehmen, dass du das Ende der Welt verkündest. Das ist aber nicht die Botschaft, die wir verkünden. Es ist keine Angstbotschaft, sondern eine erstaunliche Hoffnung, die in der Demonstration der Kraft Gottes verpackt ist, die uns in Zeiten der Not hilft. Das wird geschehen, sofern wir anfangen, die Initiativen des Himmels zu ergreifen. Es gibt wirklich Hilfe vom Himmel für dich!

Die Verlorenen erreichen

Beim Ergreifen der Initiativen des Himmels geht es darum, die Verlorenen zu erreichen. Der Herr will, dass wir aufhören, die schon Gefundenen zu retten, sondern stattdessen hinausgehen und uns nach denjenigen umschauen, die wirklich verloren sind – diejenigen, die wirklich Hilfe brauchen. Er ist der Schöpfer aller Menschen. Er ist der Erlöser. Er will sich den Menschen zu erkennen geben und will sich selbst durch göttliche Initiativen offenbaren.

„Initiativen des Himmels" bedeutet: „das, was Gott anfängt" und was Er anfängt, wird Er auch immer zu Ende bringen, besonders dann, wenn Er die richtigen Menschen findet, um einen Durchbruch zu bringen. Wenn du die Initiativen Gottes siehst und anfängst, sie zu empfangen und auszusprechen, sind es nicht nur deine Worte, sondern die Worte des Schöpfers, die durch dich ausgesprochen werden. So heißt es auch in 1. Johannes 5, 4: „Denn alles, was aus Gott geboren ist, überwindet die Welt." Was auch immer Er initiiert, überwindet die Gesetze der

Gesundheit, der Finanzen, der Physik, der Medizin und jedes andere Naturgesetz. In Johannes 15 heißt es: „Getrennt von mir könnt ihr nichts tun." Wir arbeiten als Team.

Wir haben das gleiche Zeugnis, das Jesus in Johannes 5,19 hatte, wo er nichts aus sich selbst tun konnte, sondern nur das, was er den Vater tun sah. Er war in absoluter Abhängigkeit vom Vater und von den Werken des Heiligen Geistes, damit er die Dinge tun konnte, die auch Er tat. Du und ich befinden uns in der gleichen Abhängigkeit, denn wir können nichts ohne Ihn tun. Aber mit Ihm können wir alles vollbringen.

Paradigmen verändern sich - Weltbilder brechen zusammen

Jesus will, dass wir Botschafter Seines Reiches sind, indem wir Seine Kraft vom Himmel weitergeben, um die Menschen in Erstaunen zu versetzen. Menschen reagieren mit Erstaunen, wenn ihre Weltanschauungen auf den Kopf gestellt werden. Weltanschauungen sind die Glaubenssysteme der Menschen - was sie für möglich halten und was nicht. Wir haben schon viele Menschen getroffen, die sagten, dass sie Agnostiker seien und nicht an Gott glauben, aber dann empfingen wir eine Initiative für sie und sie bekamen ganz plötzlich eine Gänsehaut, wurden mit Angst oder Ehrfurcht erfüllt, denn es passte nicht in ihr Weltbild. Große Verwunderung erfasst sie und ihre Weltanschauungen werden erschüttert. Plötzlich wächst Glaube in ihren Herzen.

Johannes 5,20 redet vom Wundern. Es heißt: „Denn der

Vater hat den Sohn lieb und zeigt ihm alles, was er selbst tut; und er wird ihm größere Werke als diese zeigen, damit ihr euch wundert." Ich fragte den Herrn: „Warum willst du, dass die Menschen erstaunt sind?" Er antwortete: „Erstaunen ist der Klang von zerfallenden Weltanschauungen." Gott will Seine Kraft durch uns demonstrieren. In Johannes 14,12 heißt es: „Wer an mich glaubt, der wird auch die Werke tun, die ich tue, und wird größere als diese tun." Der Grund warum Er will, dass wir größere Werke tun, ist damit die Welt sich wundert. Menschen verändern ihre Weltanschauung oder ihr Glaubenssystem, sobald sie ein Wunder sehen. Wir haben erlebt, was da genau geschieht mit der „Frau an der Starbucks-Quelle". Cafés sind tolle Orte um sich in dieser Kraft zu bewegen.

Wir wurden von meinem Schwager Jim Drown zum Kaffee bei Starbucks eingeladen. Er lud mich und noch ein paar aus meiner Familie ein. Als wir zur Theke kamen um unseren Kaffee zu bestellen, ging Jim nach vorne und sagte zu dem Mann an der Kasse: „Ich bezahle den Kaffee für jeden hier in der Schlange." Eine Frau, die gerade nach uns hereingekommen war, hörte, wie Jim sagte, dass er ihr den Kaffee bezahlen würde.

Sie protestierte: „Nein, nein, ich werde meinen eigenen Kaffee kaufen."

Jim antwortete: „Ich habe gesagt, dass ich für jeden in der Schlange den Kaffee bezahlen werde, also werde ich das auch tun."

Sie willigte also ein und ließ sich von ihm den Kaffee bezahlen. Ich denke nicht, dass sie verstanden hatte, dass sie ihm im Gegenzug nun zuhören musste.

Jim dachte wahrscheinlich: „Eine Tasse Kaffee gegen eine Seele. Nicht schlecht."

Jim und die Frau warteten auf die Bestellung, während wir uns an einen Tisch in der Nähe setzten. Jim stellte sich vor und fing eine oberflächliche Unterhaltung an. Aus dem Nichts heraus sagte er plötzlich: „Sie hatten angefangen ein Buch zu schreiben, haben aber aufgehört, doch Gott will, dass Sie das Buch fertig schreiben."

Sie war schockiert. Ihre Augen wurden wirklich groß (ein Zeichen von Erstaunen) und sie fragte: „Woher wussten Sie das?"

Jim antwortete: „Gott hat es mir gesagt."

Sie erwiderte: „Aber ich bin Agnostikerin, ich glaube nicht an Gott."

Jim schaute sie an und sagte: „Das ist in Ordnung, Gott glaubt an Sie und Er will, dass Sie Ihr Buch fertig schreiben."

Sie war immer noch schockiert, als Jim hinzufügte: „Sie sind auf Ihrem linken Ohr teilweise taub und Gott will Ihr Ohr heilen."

Die Frau fing an zu zittern und rief: „Du bist mir unheimlich!" (Hier sieht man nochmal das Erstaunen.) Es war ihr nicht bewusst, dass ihre agnostische Weltanschauung gerade in sich zusammenbrach. Erstaunen ist der Klang von zerfallenden Weltanschauungen.

Dann sagte Jim zu ihr: „Ich will, dass Sie jetzt mit mir beten und Jesus bitten, in Ihr Herz zu kommen."

Sie antwortete: „Ich kann das nicht, ich bin doch Agnostikerin, ich glaube nicht an Gott!"

Jim erwiderte: „Sie waren Agnostikerin, doch nun haben Sie einen Beweis gesehen, dass Gott real ist und dass Er Sie kennt und Sie ruft."

Sie versuchte dies alles zu verarbeiten und rief aus: „Sie sind die dritte Person diese Woche, die mit mir über Jesus spricht!"

„Also, worauf warten Sie noch? Beten Sie jetzt mit mir." So betete sie schließlich an Ort und Stelle mit Jim, um Jesus als ihren Erlöser anzunehmen.

Er brachte sie zu unserem Tisch und sagte: „Hier ist eine neue Schwester in Christus!"

Sie hatte immer noch einen geschockten Gesichtsausdruck und fragte mich nun: „Wie hören Sie von Gott?" Nun, dies ist ein Glaubensausspruch von einer selbsterklärten Agnostikerin. Sie zweifelte nicht länger daran, dass Gott existierte, sondern fragte, wie man Seine Stimme hört. So fing ich an, ihr in nur wenigen Minuten zu erklären, wie Gott zu uns spricht. Dass, wenn wir von neuem geboren sind und den Geist Jesu in unserem Herzen empfangen, unsere geistigen Sinne aktiviert sind und wir anfangen, Ihn zu hören.

Plötzlich sagte ich zu ihr: „Und Gott will Ihre Knie heilen!"

Sie erwiderte: „Das ist mir unheimlich!" (Das Erstaunen geht weiter.) „Woher wussten Sie von meinen Knien? Haben Sie etwas gesehen?"

„Nein, es ist nichts sichtbar, aber der Herr hat mir gesagt, dass Sie Schmerzen in ihren Knien haben und Heilung brauchen."

Sie erklärte, dass sie früher Fallschirmspringerin gewesen war und einmal falsch gelandet war und somit ihre Knie ruiniert hatte.

Ich fragte sie: „Würden Sie gerne die Schmerzen los werden?"

Sie sagte: „Ja, aber legen Sie mir nicht die Hände auf, ich bin immer noch überwältigt von dem Ganzen." (Hmmm, überwältigendes Erstaunen?)

Ich erklärte ihr, dass ich sie nicht anfassen bräuchte. Also sprach ich über ihre Knie nur das aus, was ich Jesus sagen hörte.

Sie meinte: „Meine Knie werden ganz heiß."

Ich sagte: „Bewegen Sie sie mal."

Sie bewegte ihre Knie und rief: „Der Schmerz ist weg!"

Sie fügte hinzu: „Ich denke, Gott wollte mir mit diesem spürbaren Beweis zeigen, dass Er real ist, indem Er meine Knie geheilt hat."

Sie wollte gehen, doch kam immer noch geschockt zurück, um zu sehen, was sie noch erfahren könnte. Daraufhin sagte unsere Tochter Tracie: „Ich sehe ein Bild von den spanischen Wörtern ‚Manos de Ayuda', was übersetzt ‚Helfende Hände' bedeutet."

Sie fügte hinzu: „Ich glaube, Gott will Sie gebrauchen, um Frauen zu helfen, Arbeit zu finden.

Die Dame antwortete geschockt: „Das ist der Name meines Unternehmens. Es heißt ‚Helfende Hände' und ich helfe lateinamerikanischen Frauen, Arbeit zu finden."

Diese Dame wurde in so vielen Dingen und durch mehrere Personen mächtig angerührt. Sie hatte eine Begegnung mit dem lebendigen Gott, was ihr Leben veränderte. Dies ist, was Gott tun will, wo auch immer wir hingehen. Sein Herz schlägt für die Verlorenen. Er will sich der Welt auf eine kraftvolle Art und Weise durch uns zeigen.

Wir wollen Erweckung sehen und wir wollen eine massive Veränderung sehen, in der Völker und Nationen heim geholt werden. Alles, was wir dafür lernen müssen, ist, wie man die Initiativen des Himmels im eigenen Alltag empfängt. Ich glaube, dass es in der kommenden Erweckung vor allem um solche

Menschen geht, die lernen, sich in den Initiativen des Himmels zu bewegen, um die Dinge zu empfangen, die Gott tut und diese auf die Erde runterzuziehen. Sie werden die Flammen der Erweckung entzünden, wo auch immer sie hingehen.

Es bedarf nur weniger Menschen, um Erweckung herbeizuführen

Die meisten Menschen sehen weder Heilungen noch Wunder geschehen, teils wegen kraftloser, kleinmütiger und sinnloser Gebete, teilweise aber auch weil sie falsche Vorstellungen davon haben, wie Gott arbeitet. Sie mögen glauben, dass Gott heilen kann und will, dies aber nur an einem anderen Ort oder durch eine andere Person tut. Sie denken: „Ich bin sicherlich nicht dafür qualifiziert." Der Bruder meiner Frau Lynnie, Johnny Enlow, hat ein sehr interessantes Buch geschrieben mit dem Titel: „Bist du schwach, klein oder töricht genug, um wirklich von Gott gebraucht zu werden?" Das ist ein tolles Buch, denn es zeigt, dass Gott nicht nur nach denjenigen mit dem besten Ansehen sucht, bei denen jedes Haar perfekt sitzt, noch nach den Schlausten oder den Weisesten. Er sucht nach denjenigen, die schwach, klein und töricht genug sind, um sich von Gott gebrauchen zu lassen. John Wimber sagte immer: „Gott wird diejenigen gebrauchen, die verfügbar sind."

Gott will uns alle dafür gebrauchen, um die Botschaft Seiner Güte anderen Menschen weiterzugeben. Sobald wir diese Dinge in Bewegung gesetzt haben, wird es nicht mehr allzu lange dauern, bis Erweckung ausbricht. Denke an die Propheten, die in den Zeiten des Alten Testaments lebten. Es waren Menschen, die Gott hörten, Gott sahen und Seine Initiativen umsetzten. Nur ein oder zwei von dieser Sorte zu einer gegebenen Zeit waren notwendig, um eine ganze Nation aufzuwühlen.

Was würde in deiner Stadt passieren, wenn es dort tausend, nur tausend Menschen gäbe, die die Initiativen des Himmels auf den Straßen umsetzen würden? Sie würden sie völlig auf den Kopf stellen. Was würde passieren, wenn es nur hundert Menschen wären? Zu den Zeiten Abrahams, hätten zehn Leute schon ausgereicht, um das Schicksal von Sodom und Gomorra zu verändern. Nachdem Jesus in den Himmel aufstieg, stellten Seine zwölf Jünger die Welt auf den Kopf. Wir lernen, unser Leben in dem Bewusstsein zu leben, dass Gott zu uns spricht, uns führt und uns aussendet.

Unser Leben wird anders sein, wenn wir zu dem Punkt kommen, an dem wir uns bewusst sind, dass wir hören und sehen. Alles, was wir dafür tun müssen, ist den Schritt zu machen und es auszuprobieren. Sobald du damit beginnst, wirst du sehen, dass Gott sich wirklich zeigt. Er will, dass jeder von uns aktiviert ist.

Wie oft im Jahr betest du für jemanden, der dich um Gebet bittet? Was wird dieses Jahr geschehen, wenn du zum Gebet gerufen wirst? Statt sinnlose, kraftlose Gebete zu beten, die von der Erde initiiert werden, halte ein und frage: „Gott, was willst Du?" Geh einfach mit dem Fluss. Erwarte, dass Gott dir etwas zeigt. Erwarte, dass Gott etwas antworten wird und folge dem Fluss des Geistes. Was wird dieses Jahr geschehen?

Alles, was nötig ist, sind ein oder zwei Personen in einer Stadt, die sagen: „Hey, geh zu dieser Person und du wirst geheilt werden, denn ich bin dort hingegangen und Gott hat dies getan und jenes gesprochen. Es hat mein Leben verändert." Sobald mehr Menschen den Schritt wagen, um die Initiativen des Himmels zu empfangen, wird dies Einzelne und Nationen in Sein Reich ziehen.

Wenn du bereit bist, dem Herrn auf diese Art zu folgen, indem du zu dem Ort der Intimität kommst, wo du Seine Stimme hörst und lernst, Ihm zu folgen, könntest du einen Vollzeitdienst der Wunder haben. Einfach, indem du die Initiativen des Himmels über Leute aussprichst und das als Vollzeitjob. Eines der Dinge, die mich motivieren, ist, dass ich glaube, dass es in der kommenden Ausgießung des Heiligen Geistes und der Erweckung einzig und allein darum gehen wird. Je schneller wir das erfassen, desto schneller werden wir diese Ausgießung sehen. Gott wartet auf uns. Er wartet darauf, dass wir uns vorbereiten. Ich glaube, dass dieses ganze Konzept von dem Empfangen der Initiativen des Himmels und sich einfach darin zu bewegen, das ist, was Gott gerade tut. Er bereitet Seine Gemeinde für Seine Ausgießung vor.

Harte Charaktere empfangen Jesus

Im folgenden Beispiel geht es um etwas, das meine Schwager Jim Drown und Johnny Enlow erlebt haben. Jim erzählte einem Mann von Jesus, der von den Klippen über dem Strand von Lima in Peru Drachenfliegen praktizierte. Jim hatte ihm bereits zwei Jahre zuvor von Jesus erzählt und der Mann hatte ihn heftig beschimpft und so ließ Jim ihn in Ruhe. Im nächsten Jahr kam er zurück und derselbe Mann sah ihn kommen. Jim tat oft etwas Dummes oder Humorvolles, um die Aufmerksamkeit der Menschen auf sich zu ziehen. Also ging er zu diesem Mann und sagte: „Hey, was hältst du davon, mir einen kostenlosen Sprung oder fünfzig Prozent Ermäßigung zu geben?". Der Mann war ziemlich grantig und erwiderte: „Bring mir zwei Pfund Kokain und ein paar Flittchen und du bekommst deinen Sprung." Daraufhin sagte Jim: „Eigentlich bin ich hergekommen, um mit dir über Jesus zu reden." Als er das erwähnte, sagte der Mann: „Entschuldigung... Es tut mir leid, dass ich so etwas gesagt habe, ich wusste nicht, dass Sie ein Pfarrer sind." Da er aus einem katholischen Land kam, nahm er an, Jim sei ein Priester. Jim begann zu ihm zu sprechen und aus irgendeinem Grund fing der Mann an zuzuhören.

Lynnie's Bruder Johnny war mit dabei und die beiden fingen an, für diesen Mann zu beten. Plötzlich spürte Johnny durch ein Wort der Erkenntnis, dass etwas mit dem Knöchel des Mannes nicht stimmte. Der Mann bestätigte dies und willigte ein, dafür beten zu lassen. Sie legten ihre Hände auf den Knöchel und plötzlich traf ihn die Kraft des Herrn wie ein Blitz! Er begann umher zu rennen und auf und ab zu hüpfen. Er hatte einen Unfall mit seinem Drachen gehabt und war in ein Gebäude gestürzt, hatte sein Bein verletzt und konnte seitdem nicht mehr richtig laufen.

Er wurde sofort geheilt! Er hatte einen Freund, eine Art Geschäftspartner und er fing an, ihm zuzubrüllen: „Hey, Gott hat mich gerade *...(zensiert)* geheilt!" Er fluchte noch immer, doch dort auf dieser Klippe gaben beide ihr Leben Jesus. Sie brachten andere Geschäftsmänner vor Ort dazu, mitzukommen, um für sich beten zu lassen. Es war eine kleine Mini-Erweckung am Rande der Klippe, die durch eine Initiative des Himmels herbeigeführt worden war. Jemand wurde geheilt und plötzlich gab es eine Invasion des Evangeliums in diese Region hinein.

SCHAU UND HÖRE AUF DIE ANWEISUNGEN

Komm aus deiner religiösen Box heraus und überwinde die Versuchung, einfach anzunehmen, wie Gott handeln wird. Höre auf, „Christianesisch" zu reden, indem du christliche Terminologien benutzt und traditionelle Gebete sprichst. Sprich keine gewöhnlichen Standartgebete, die eigentlich immer die gleichen Gebete sind, ob man das Essen segnet oder für Kranke betet, man verändert nur die Namen und die Worte ein wenig. Tatsächlich hat Jesus niemals für die Kranken gebetet, Er sprach einfach nur die Worte Seines Vaters oder handelte entsprechend dem, was Er den Vater tun sah. Schau und höre auf die Anweisungen des Himmels.

Das ganze Wort Gottes hindurch, wann auch immer Gott diente oder Gebete beantwortete, tat Er dies meistens durch spezifische Anweisungen. Menschen schrien zu Gott, Er gab Anweisungen, sie folgten diesen und Wunder geschahen.

Mose empfing die Initiative, seinen Stab über dem Roten Meer auszustrecken. Der Stab war nur ein einfacher gewöhnlicher Stock. Hast du das Bild vor Augen? Eine ganze Armee kommt aus dem einzigen Grund, dich zu zerstören und Gott sagt: „Strecke deinen Stab aus!" Was? Ein Stab gegen eine ganze Armee? Oooh, doch es war mehr als nur ein Stab! Es war ein Stab plus die Initiative des Himmels. Jemand musste diese Initiative empfangen und sie ausführen. Gottes Initiativen sind klein, wie ein Senfkorn, im Vergleich zu der Größe der Nöte. Diesen Stab auszustrecken war eine mickrige, törichte Handlung im Vergleich zu dem weiten Meer vor und einer mächtigen Armee hinter ihnen. Doch es brauchte nur den Glauben in der Größe eines Senfkorns, um dementsprechend zu handeln.

Mose war gehorsam, streckte seinen Stab aus und das Wunder geschah. Das Wasser teilte sich und die Israeliten gingen hindurch über trockenes Land, während Gottes Feuersäule die Armee Ägyptens zurückhielt.

Du brauchst keinen Glauben, der das Meer teilen kann, um das Meer zu teilen, genauso wenig wie du einen krebs-heilenden Glauben brauchst, um Krebs zu heilen. Du brauchst nur so viel Glauben, um zu hören und zu tun, was Gott dir zeigt, selbst wenn es nur eine kleine Handlung ist. Der einfache Gehorsam gegenüber den Initiativen wird zur größten Manifestation des Glaubens. Dein Glaube wird in der Handlung, die das Wunder vollbringt, demonstriert.

Lynnie und ich tun dies schon seit einigen Jahren. Es begann, als wir in einer von John Wimbers Schulen trainiert wurden, zusammen mit Bob und Penny Fulton. Wir wurden dazu ausgebildet, innezuhalten, zu hören und dann zu handeln. Ich kam von einem alten pfingstlerischen Modell, das so aussah: Wenn jemand Gebet brauchte, musste man erst einmal aufdrehen und man musste die Salbung zum Fließen bringen. Falls man wirklich gesalbt war, fing man an zu schreien. Man schüttelte die Person und spuckte vielleicht ein wenig, während man schrie. Das war unser Modell, wie wir für Menschen beteten. Wir holten Menschen nach vorne, packten und schüttelten sie dreißig Sekunden lang, befahlen ihre Heilung und dann war es vorbei. Wir taten unseren Teil, doch geschah irgendetwas? Normalerweise nicht. Die einzigen Heilungen, die wir sahen, waren was ich „zufällige Heilung" nenne. Zufällige Heilungen geschehen, wenn du rein zufällig das triffst, was Gott sowieso wollte, dass du tust. Du hast zufällig die Initiative des Himmels getroffen. Aber du musst nicht auf eine zufällige Heilung warten. Du kannst anfangen, deine Sinne zu schärfen, auf Gott zu warten, dass Er dir die Initiative gibt, die Veränderung in die jeweilige Situation bringen würde.

Frau geheilt – Ehe gerettet

Lynnie und ich haben buchstäblich hunderte, vielleicht sogar tausende Menschen gesehen, die Heilung oder Befreiung von allen möglichen Problemen empfangen haben. Ich erinnere mich an eine der ersten Heilungen, die wir gesehen haben, an einem Mann und seine Frau, die sich scheiden lassen wollten. Sie war zuvor zum Arzt gegangen und dieser hatte Gebärmutterhalskrebs festgestellt und bei ihr sollte eine Biopsie gemacht werden. Dieses Paar kam eigentlich, um Gebet für ihre Ehe zu bekommen. Der Herr gab uns sehr klare Worte der Erkenntnis über das, was in ihrem Leben passiert war, um sie an diesen Punkt zu bringen. Wir sprachen mit ihnen über die Wurzeln ihrer Eheprobleme und sie bestätigten, dass wir richtig gehört hatten. Wir führten sie dazu, die Kränkungen der Vergangenheit aufzugeben und ihre Ehe wurde wiederhergestellt. Die Scheidung wurde abgesagt und die Frau rief mich am nächsten Tag an: „Was hast du mit meinem Mann gemacht? Er ist ein anderer Mensch!" Später, als sie zur Biopsie ging, war kein Tumor mehr zu finden.

Das war das erste Mal, dass wir zielstrebig einen Schritt machten, indem wir die Anweisungen des Himmels für die Menschen befolgten und auf Gott warteten, um Seine Initiativen zu ergreifen. Diese sind viel klarer und genauer geworden, seitdem wir wirklich anfingen, Zeit mit dem Herrn im Verborgenen zu verbringen. Wir haben so viele „Downloads" vom Himmel über Situationen und Umstände empfangen. Dadurch, dass wir die Initiativen des Himmels empfangen und richtige Antworten für das Leben von Menschen liefern, sehen wir eine neue Front in unserem Dienst.

Auf all diese Dinge können wir durch Glauben zugreifen. Du musst erwarten, dass Gott dich gebrauchen wird und auch, dass du die Initiativen des Himmels empfängst. Ich will, dass du weißt, dass ich ganz fest daran glaube, dass jeder von uns, wenn Gott ihn beauftragt, auf dem Wasser gehen kann. Glaubst du das auch? Das ist nicht wirklich etwas Besonderes. Petrus ging auf dem Wasser, doch er tat dies auf die Aufforderung Jesu hin.

Ich lehre sehr viel über Heilung und viele Menschen kommen auf mich zu und sagen: „Könntest du kommen und für diesen oder jenen beten?" Ich bin sehr traurig darüber, denn sie begreifen es immer noch nicht. Mein Ziel ist es, jeden Einzelnen zu aktivieren. Es könnte sein, dass Gott zu ihnen spricht und sie müssen sich dessen nur bewusst werden. Die Schrift zeigt sehr klar, dass sie hören können: „Meine Schafe hören meine Stimme." Jedes Bedürfnis, dem wir mit den Initiativen des Himmels begegnen, ist eine neue Chance für uns zu wachsen und uns zu entwickeln. Sobald du das begreifst, wirst du deine Wachstumschancen nicht verpassen. Gottes Wunsch ist es, viele Söhne in die Herrlichkeit hineinzuführen und du bist einer dieser Söhne und Töchter, die er dort hineinführt.

Gehorsam – nicht so schwer wie wir denken

Auf all diese Dinge können wir durch Glauben zugreifen. Gott sprach zu Abraham und sagte: „Verlasse das Haus deines Vaters." Weißt du, wo sein Glaube anfing? Als er den ersten Schritt machte. Es war nur purer Gehorsam gegenüber Gottes Anweisung. Und als er entsprechend handelte, wurde er Vater der Treuen, die voller Glauben sind.

So einfach ist Glaube für uns heute. Es ist nichts, womit man sich herumquälen muss. Jesus sagte, dass wenn du nur Glauben so groß wie ein Senfkorn hast – ein sehr, sehr kleines Körnchen Glauben – du Berge versetzen kannst. Ich verstand das sehr lange nicht und hatte immer eine andere Interpretation. Ich dachte, dass man einen Samen sät, dieser wächst und bevor man es merkt, einen ganzen Berg versetzen kann. Doch noch nicht einmal eine Senfpflanze kann einen Berg versetzen. Heute verstehe ich, dass es so einfach und so winzig ist. Es geht um das, was Er dir aufträgt und worin du einfach nur gehorchst. Es ist der einfache Schritt des Gehorsams gegenüber Seinen Anweisungen.

Manches, was Jesus im Glaubensgehorsam tat, sah sehr seltsam aus. Ich denke, er tat das absichtlich, damit wir wirklich ein Verständnis dafür bekommen und gehorsam sind, egal womit uns der Herr beauftragt. Wie viele von uns würden spucken, Schlamm machen und es in die Augen von jemandem schmieren? Die zwei Dinge, die du wirklich nicht in deinem Auge haben willst – den Speichel einer anderen Person und Dreck! Jesus schmierte beides in die Augen eines Mannes, sagte ihm, er solle sich waschen und er wurde geheilt. Er tat dies, um uns etwas zu lehren. Er heilte niemals eine blinde Person auf die gleiche Art und Weise wie schon einmal. Dieser war nur einer von vielen Blinden, die Jesus heilte. Ich kann mir den Herrn im Himmel vorstellen, wie er sagen könnte: „Wir müssen uns eine andere Art zu handeln ausdenken, damit sie nicht in eine Routine hineinfallen und denken, es gäbe eine Formel."

Das ist keine Formel. Man hört, sieht und ist gehorsam. Ich denke, der Vater sagte: „Spucke und mache Schlamm und schmiere ihn in seine Augen." Jesus verstand, setzte es um und der Mann war geheilt. Der Vater lacht wahrscheinlich gerade, während ich das schreibe. Es steht geschrieben, damit du und ich wissen, dass es nicht um eine Formel geht, noch darum, eine bestimmte Schriftstelle zu rezitieren, noch darum, dass du Verständnis darüber erlangst, was die Blindheit verursachte. Sofern du jedes Mal diesem Model von Hören und Gehorchen folgst, werden die Blinden geheilt werden. Doch noch wichtiger ist, dass Gottes Wille geschieht.

Falls du versuchst, Dinge zu tun, die du schon einmal getan hast, damit Heilungen oder Wunder geschehen, wird es vielleicht zufälligerweise nochmal bei ein oder zwei Personen funktionieren, aber das ist eigentlich nicht das, was Gott wirklich möchte. Er möchte nicht, dass du umhergehst und nur zufällig mal jemanden heilst; er will, dass du die Kranken heilst, Tote auferweckst und Dämonen austreibst. Du tust dies, indem du die Initiativen des Himmels empfängst. Es geschieht durch eine Beziehung mit Ihm. Was du siehst, das tust du – was du hörst, das sagst du.

Übung macht den Meister

Ich höre nicht perfekt – niemand von uns – und ich sehe auch nicht perfekt. Doch eines weiß ich: Je mehr ich die Initiativen anwende, desto mehr wird es wachsen. Je mehr ich Zeit in einer tiefen Beziehung mit dem Herrn verbringe, desto mehr wird es wachsen. Es gibt also Dinge, die ich tun kann, damit diese Fähigkeiten wachsen und es gibt Dinge, die dazu führen, dass diese Fähigkeiten schrumpfen und sterben. Du musst all die Dinge vermeiden, die dazu führen, dass deine Sinne geschwächt und auf irgendeine Art behindert werden. Tue dann all die Dinge, die deine Fähigkeit, von Gott zu empfangen, verbessern. Etwas, was du tun kannst, um deine Fähigkeit zu sehen und hören zu verbessern, ist, herauszutreten und die kleinen Dinge zu tun, die Er dir jetzt gerade aufträgt.

Gehorsam, selbst wenn es komisch klingt

Meine Frau und ich lebten in Mount Charleston, Nevada, in einer kleinen Hütte, die wir mieteten, während unser Haus unten am Fuß des Berges in Las Vegas gebaut wurde. Wir luden oft Gäste ein, uns zu besuchen. Zu einer dieser Gelegenheiten kamen meine Schwester Dara und ihr Mann Craig zu Besuch. Craig beschwerte sich über Probleme mit Diabetes und Schmerzen in seinen Beinen, unter denen er litt. Er sagte: „Meine Beine sind schlecht durchblutet."

Inmitten des Gesprächs über seine Beine sah ich plötzlich etwas, was mir eine Initiative des Himmels zu sein schien, doch es sah sehr komisch aus. Schließlich dachte ich mir: „Ich lass es jetzt einfach darauf ankommen." Also sah ich Craig an und sagte: „Craig, ich habe gerade etwas gesehen. Kann ich das mit dir machen und das Schlimmste, was passieren könnte wäre, dass ich deine Haare durcheinander bringen würde. Darf ich?". Er meinte: „Ja klar, tu es!". Was ich gesehen hatte war, wie ich eine kleine Überdecke vom Sofa nehmen, über seinen Kopf werfen und sie dann wieder herunterreißen würde. Es gibt nirgendwo in der Bibel ein Stelle, in der es heißt: „So spricht der Herr, reißet die Decken von den Köpfen der Menschen und sehet, wie sie geheilt werden." Dies steht nirgendwo, doch möglicherweise wollte mich der Heilige Geist testen, ob ich das tun würde, was Er mir gezeigt hatte.

Nun nahm ich also die Decke, warf sie über seinen Kopf und ließ sie dort für den Bruchteil einer Sekunde, bevor ich sie wieder herunterriss. Ein paar Damen standen hinter uns und redeten und eine von ihnen, deren Rücken uns zugewandt war, wurde von einer Welle der Kraft getroffen, die von ihm ausging. Ich spürte, wie die Kraft an mir vorbeifegte und die Dame mit Wucht traf. Sie flog an die Wand und schrie: „Was war das denn?" Währenddessen wurde meine Schwester Dara auf der anderen Seite von einer Hitzewelle des Herrn getroffen und fing an zu weinen. Ich fragte sie: „Warum weinst du?" Sie antwortete: „Ich habe es gespürt." Craig war geschockt.

Ich ging, um mich mit jemand anderem zu unterhalten und als ich zurückkam, stand Craig vor der Feuerstelle und bewegte seine Füße auf dem harten Untergrund auf und ab. Er stand eine ganze Weile dort und sagte: „Weißt du, ich konnte auf so einem harten Untergrund nicht lange stehen, ohne starke Schmerzen zu bekommen, doch jetzt gerade habe ich absolut keine Schmerzen in meinen Beinen." So sahen wir dort wieder den Beweis dafür, dass Dinge geschehen. Es gab Wellen der Kraft und das Resultat war, dass aller Schmerz aus den Beinen einer Person verschwunden war, nachdem man eine Decke von deren Kopf gerissen hatte.

Nun, wenn man das jetzt nochmal probieren sollte, wird so ziemlich alles, was dabei herauskommt, struwwelige Haare und vielleicht sogar ein etwas saurer Blick von der betroffenen Person sein, denn es geht nicht um Decken, die von Köpfen gerissen werden - es sei denn, Gott sagt es dir. Es verdeutlicht stattdessen die Tatsache, dass man beginnen kann in den Himmel zu blicken, Bilder und Anweisungen von Gott zu empfangen und diese in die Tat umzusetzen. Dies sind die Initiativen des Himmels. Gott liebt es, wenn wir so leben, denn es basiert auf einer Beziehung mit Ihm.

Etwa eine Woche später, kam ein Ehepaar (Pastoren von einer unserer spanisch-sprechenden Gemeinden in der Stadt) zu Besuch, um den Tag mit uns zu verbringen. Sie kamen, um etwas von Gott durch uns zu empfangen. Also verbrachten wir den Tag damit, Bibelstellen zu betrachten und ihnen zu dienen. Am Ende des Tages, als sie schon fast bereit waren zu gehen, sagte meine Frau Lynnie zu mir: „Weißt du, es wurde bei ihr eine Zyste in ihren Eierstöcken diagnostiziert. Sie hat dauernd Schmerzen und die Ärzte wollen bei ihr eine Hysterektomie durchführen. Sie sagten ihr, dass sie dies sofort machen müssten, da es sehr gefährlich sei. Können wir für sie beten?" Ich erwiderte: „Ja klar, lass uns beten!"

Alles was wir in solchen Situationen machen, ist still zu werden. Wir sagen: „Herr, was machst du? Wir sind hier und wir sind verfügbar." Wir fragen nicht: „Möchtest du es tun?", denn wir wissen, dass er das immer möchte. Es geht mehr darum: „Wie machst du das? Was willst du tun?" Da war ich nun, wartete und hörte und dann sah ich ganz plötzlich ein Bild, doch ich wusste nicht, was ich damit anfangen sollte, denn es war doch sehr seltsam.

Ich lerne, selbst seltsame Anweisungen zu befolgen. Jesus sagte, dass wir dieses Gebet sprechen sollten: „Dein Reich komme, Dein Wille geschehe, wie im Himmel, so auf Erden." Ich glaube, dies ist wörtlicher gemeint, als wir es bisher verstanden haben. Er ruft uns auf, genau das auf Erden zu tun, was wir im Himmel sehen, genauso wie Jesus es tat. Da stand ich nun, betete und fragte den Herrn und wartete darauf, dass Er zu mir spricht oder mir etwas zeigt und schließlich sah ich ein Bild. Ich dachte: „Nun, das soll ich wohl auf der Erde wiederholen."

Das Bild, das ich sah, war, dass der Herr seinen Kopf direkt an den Unterleib der Dame hielt, genau dort, wo die Eierstöcke sein müssten, als ob er horchen würde. Doch mir war nicht wohl bei dem Gedanken, meinen eigenen Kopf dorthin zu halten, so bat ich Lynnie, dies für mich zu tun. Also kniete Lynnie sich hin und legte ihr Ohr direkt auf den Unterleib der Dame, als ob sie horchen würde. Ich sagte. „Ok Herr, was jetzt?" Manchmal kommt noch eine andere Anweisung, die Er dir zu befolgen gibt. Er sagte: „Lege deine Hand auf ihren Kopf." Also war Lynnie mit ihrem Kopf an ihrem Unterleib und ich legte meine Hand auf ihren Kopf und sofort kam ein prophetisches Wort. Das Wort war: „Der Herr hört deinen leisesten Schrei." Das war alles, was ich sagte.

Als ich diese Worte sprach, begann sie heftig zu zittern. Ich habe sie noch niemals zuvor zucken, zittern oder fallen gesehen.

Sie ist eine Person, wie der „Fels von Gibraltar". Doch sie zitterte heftig und schließlich fiel sie um und ihr Ehemann fing sie auf und legte sie sanft auf den Boden. Sie zitterte, weinte und lachte, alles zur gleichen Zeit auf dem Boden. So ging es noch eine Weile weiter und ich fragte schließlich, was gerade mit ihr passierte. Sie sagte: „Ich habe noch niemals zuvor so etwas gespürt." Ich sagte: „Helft ihr aufzustehen", also halfen sie ihr aufzustehen. Sie stand da, immer noch lachend und weinend und begann ihr Bein auf und ab zu bewegen. Ich dachte, das sei komisch und fragte: „Warum bewegst du dein Bein so?". Sie antwortete: „Jeder Schmerz ist weg und es fühlt sich leer an."

Sie bewegte alles und versuchte den Schmerz zu fühlen, konnte ihn aber nicht mehr finden. Ich fragte sie ein paar Wochen später: „Ist noch irgendwas da?", „Nichts ist mehr da." Ein oder zwei Monate später: „Ist noch etwas da?", „Nichts ist mehr da. Es ist weg!".

Wie wunderbar ist es, zu sehen, wie sehr Gott diese Frau, für die wir auf dem Berg gebetet hatten, liebt. Er hatte eine spezielle Botschaft für sie, die sie empfangen sollte: „Gott liebt mich und hört selbst meinen leisesten Hilferuf" und dann nahm Er ihre Zyste heraus.

Und schon wieder war es eine Initiative des Himmels, die sehr seltsam aussah. Ich wusste anfangs nicht so wirklich, was ich damit anfangen sollte, doch alles, was ich tat, war das auf der Erde zu wiederholen, was ich im Himmel gesehen hatte. Es wird mir bewusst und ich habe mehr und mehr Glauben, dass so vieles von dem, was ich in meinen Gedanken sehe, spontane Bilder von Dingen im Himmel sind, die ich auf der Erde kopieren soll.

Ich sehe einfache Bilder und diese sind keine ekstatischen Visionen mit Engeln und Lichtstrahlen; keine schöne Musik oder dröhnende Stimmen. Ich sehe Bilder wie jedes andere mentale Bild, doch ich sehe sie genau dann, wenn ich darauf warte, dass Gott mir etwas zeigt. Und sobald ich ein Bild sehe, lerne ich dementsprechend zu handeln. Wenn es nur von mir kommt, dann wird das, was ich tue normalerweise niemandem auf irgendeine Weise wehtun. Ich sage ‚normalerweise', denn einmal wollte Gott, dass ich etwas tue, womit ich zu kämpfen hatte.

Ich war in einer Versammlung und wartete auf den Herrn. Er sagte: „Da sind einige Männer mit Prostata-Problemen; ruf sie nach vorne." So gab ich dieses Wort der Erkenntnis weiter und rief sie auf nach vorne zu kommen. Zwei Männer reagierten darauf.

Ich stand dort vor dem ersten Mann, wartete auf den Herrn und fragte: „Gott, was möchtest du tun, um diesen Mann zu heilen?" Der Herr antwortete: „Versetze ihm einen harten Schlag in seinen Bauch." Ich fing an nachzuhaken: „Bist du dir jetzt sicher damit? Dieser Mann könnte eine vergrößerte Prostata haben und vielleicht ist sie sehr empfindlich. Falls ich ihm eine in den Bauch verpasse, könnte sie platzen. Ich habe keine Ahnung was alles passieren könnte, Herr." Und der Herr sagte: „Willst du Heilung sehen?" Und ich antwortete: „Ja." Er sagte: „Gib ihm einen kräftigen Schlag in den Bauch." Trotzdem befragte ich den Herrn weiter: „Bist du sicher? Gott, bist du das?" Der Herr sagte: „Gib ihm einen kräftigen Schlag in den Bauch." Schließlich fing ich an zu verhandeln: „Kann ich ihn mit offener Hand schlagen?" Und der Herr erwiderte: „Ja, schlag ihn mit offener Hand, doch schlage ihn sehr fest."

Der arme Kerl stand dort mit geschlossenen Augen. Im Nachhinein weiß man alles besser. In Zukunft würde ich ihn wohl warnen und sagen: „Hör zu, spann dich an, denn ich werde dir einen Schlag versetzen" oder ihn wenigstens um Erlaubnis bitten. Aber ich tat es nicht. Ich ließ es ihn spüren. Ich holte aus und – wumm! Ihm blieb die Luft weg. Da stand er nun, keuchend und nach Luft schnappend. Schließlich stand er es durch und akzeptierte es.

Der zweite Mann hatte das Ganze mit angesehen. Sein Gesichtsausdruck war sehenswert! Er schaute zurück zu seiner Frau, als ob er sagen wollte: „Mami, was soll ich jetzt machen?" Doch dann, plötzlich, sah ich wie eine Entschlossenheit über ihn kam. Wahrscheinlich hatte er sich so entschieden: „Okay, wenn er es ertragen kann, dann kann ich das auch." So straffte er sich mit geschlossenen Augen. Ich holte aus, um ihm eine zu verpassen, doch der Herr sagte: „Ich habe nicht gesagt, dass du ihn schlagen sollst." Ich ließ meine Hand sinken und stand einfach da. Ich fragte: „Herr, was möchtest Du, dass ich hier tue?" Er sagte: „Setze deinen Finger auf seine Stirn und proklamiere dann Heilung." Also legte ich einen Finger auf ihn und verkündete Heilung. Ich denke, der erste Mann könnte sich betrogen oder missbraucht gefühlt haben, denn er schaute nun zu, was ich in aller Sanftheit mit dem zweiten Mann machte! Die gute Nachricht ist, dass beide Männer am nächsten Tag zurückkamen und sagten, dass alle Symptome verschwunden waren. Der Mann, den ich so hart geschlagen hatte, lud uns sogar in sein Haus zu einem Festessen ein, um seine Heilung zu feiern!

Sei vorsichtig mit seltsamen Initiativen. Sei dir ganz sicher. Kommuniziere mit Gott. Frage ihn: „Komm schon, bist du dir sicher?" Er wird zu dir reden und dich führen. Dann hole dir die Erlaubnis der Person.

Normalerweise ist das, was ich tue, nicht riskant, also mache ich es einfach. Und dann, falls es scheint, dass ich falsch gehört habe, kann ich sagen: „Ups, das war daneben. Entschuldigung, lasst es uns nochmal probieren." Es gibt keine Verdammnis, wenn du einen Fehler machst, doch die Resultate sind jede mögliche Peinlichkeit wert.

Ich glaube, dass wir, wenn wir von neuem geboren werden, auch Teilhaber des Reichs der Himmel werden und dass wir die guten Dinge des zukünftigen Zeitalters schon jetzt schmecken können. Jesus sagte, dass, wenn wir Ihm nachfolgen, uns selbst verleugnen und alles andere hinter uns lassen, dann werden wir im gegenwärtigen, wie auch im zukünftigen Zeitalter so viel mehr haben. Wir können schon jetzt einen Vorgeschmack des Königreichs der Himmel haben, während wir uns nach der Fülle des zukünftigen Reiches sehnen. Wir können heute ein Leben voller Wunder leben, indem wir die Initiativen des Himmels empfangen.

GEHEILT VOM KREBS NACHDEM GOTT GEHEIMNISSE OFFENBART

Ein Mann wurde in Peru auf einer Tragbahre hereingebracht. Die Ärzte hatten ihn erst kürzlich wegen Magenkrebs operiert. Sie hatten ihn aufgeschnitten und festgestellt, dass der Krebs schon zu weit fortgeschritten war. Sie nähten ihn wieder zu und erklärten der Familie, dass sie ihn mit nach Hause nehmen sollten, da er im Laufe der Woche sterben würde. Das war die Woche, in der mein Schwager Jim und ich unseren Missionseinsatz in Pucallpa, Peru machten. Die Tochter des kranken Mannes kam zu mir und fragte: „Kannst du für meinen Vater beten?" Ich sagte ihr: „Geh zurück zu deinem Vater und bleib bei ihm und ich werde

Gott fragen, was Er jetzt tun will." Sie ging und stand bei ihrem Vater. Alles was ich sagte, war: „Herr, sie haben eine Not, was wirst Du unternehmen?"

Ich wurde still inmitten des Lobpreises, 110 Dezibel Lautsprecher – riesige Stereotürme – die laut dröhnten. (Ja, du kannst selbst inmitten von Lärm ruhig werden und von Gott hören.) Ich horchte und der Herr gab mir zwei Worte der Erkenntnis über die Vergangenheit des Mannes; Dinge in die er verwickelt war und wodurch der Krebs aufgetreten war. Ich wusste nicht, ob Gott ihn heilen würde. Er sagte mir das nicht sicher. Alles was Er tat, war mir zwei Informationen zu geben, die Initiativen des Himmels waren und nun sollte ich dementsprechend handeln.

Ich ging zu ihm hinüber, kniete mich hin und sprach in sein Ohr, teilweise weil es so laut war, teilweise, weil es persönliche Informationen waren. Ich fragte ihn, ob er eine Tochter hätte, die er enterbt hatte. Er sagte: „Ja." Dann fragte ich ihn, ob er in Hexerei verwickelt war. Er nickte. Ich fragte ihn, ob er Buße über diese zwei Dinge tun und sie Gott geben wolle und er nickte. Ich führte ihn ins Gebet und er übergab alles Gott und dann fragte ich: „Gott, was nun?" Er sagte: „Gebiete dem Krebs zu verschwinden." Das ist, was er mir sagte, also schaute ich den Mann an, stand auf und sprach, nicht zu dem Mann, aber zum Krebs: „Ich befehle dir zu verschwinden im Namen Jesu!". Während ich nun dort stand, sprach der Herr: „Es ist vollbracht." Ich habe gelernt, dass diese Worte bedeuten, dass ich fertig bin, also ging ich. Ich kehrte ihm meinen Rücken zu, ohne auch nur eine Veränderung an seinem Körper gesehen zu haben, doch der Herr sagte, es sei vollbracht. Also ging ich weg.

Am nächsten Abend kam der Mann zurück und lief zur Veranstaltung! Mit ein wenig Hilfe kletterte er die Stufen zur Bühne hinauf. Erinnere dich, er hatte gerade eine Operation hinter sich. Es war erstaunlich. Er kletterte die Stufen hinauf, kam zum Mikrofon und sagte: „Ich habe gestern Abend mein Leben Jesus übergeben. Dieser Mann hier betete für mich und als er mir dann seinen Rücken zukehrte und ging, verschwand auch der Schmerz!".

Ich habe gelernt, dass es auch ein Glaubensschritt ist, wenn du nichts siehst und du dich trotzdem abwendest und weggehst, weil der Herr dir gesagt hat: „Es ist vollbracht." Ich habe mich also abgewendet und bin gegangen. Der Mann ging nach Hause und aß das erste Mal seit dreißig Tagen etwas. Er wurde eigentlich intravenös ernährt, doch war plötzlich wieder fähig zu essen. Er hatte keine Schmerzen.

Er war ein älterer Herr und all seine Kinder und Enkelkinder kamen nach seiner Heilung zum Herrn. Die ganze Familie wurde Teil der Gemeinde, die wir dort beaufsichtigten. Ungefähr einen Monat später kamen wir zurück in die Stadt und die Familie des Mannes war immer noch da, er selbst war immer noch da, jedem ging es gut und auch der Krebs kam nicht zurück. Ein Jahr später erkundigte ich mich nochmal telefonisch bei ihrem Pastor und der Mann war immer noch geheilt und seine Familie diente dem Herrn. Gott heilte diesen Mann, nachdem die Ärzte ihn operiert und gesagt hatten: „Wir können nichts mehr tun, er wird in einer Woche tot sein." Die Heilung kam durch eine Initiative des Himmels.

FUSS GEHEILT DURCH EINEN EINFACHEN BEFEHL

Vor einiger Zeit ging ich nach Atlanta, um zu dienen und wir beteten für eine Gruppe von Menschen. Es war eine Frau dabei, deren Gesichtsausdruck darauf schließen ließ, dass sie gerade mit irgendetwas kämpfte. Ich war mir nicht sicher, ob sie nicht glaubte, was wir sagten oder ob sie möglicherweise Schmerzen hatte. Sie zögerte, doch kam dann nach vorne und so beteten wir für sie und weissagten einige Dinge über ihr. Sofort sprach der Herr – es war eine Initiative des Himmels. Ich schaute sie an und sagte: „Etwas stimmt nicht mit deinen Füßen. Hast du Probleme mit deinen Füßen?" Sie nickte. Ich ließ jemand anderen dazukommen und seine Hände auf ihre Füße legen und ich fing an zu beten. Ich sagte: „Herr, stelle die Knochen dieser Füße jetzt wieder her, in Jesu Namen. Ich setze das nun über dir frei." Ich tat nicht viel mehr als das. Ich hatte gelernt, dass wenn Jesus eine Initiative des Himmels freisetzte, diese weder wortreich, langatmig, redegewandt, noch predigend oder ermahnend waren; es waren noch nicht einmal Gebete. Meistens waren es kurze und einfache Befehle.

Jesus sagte Dinge wie: „Strecke deine Hand aus." Etwas Gewaltiges passierte, nur weil der Mann ganz einfach seine Hand ausstreckte. Die meisten von uns würden, wenn sie so eine Anweisung bekämen, noch ein paar Paragraphen zu dem Händeausstrecken anhängen. Jesus sah keine Notwendigkeit, etwas zu dem hinzuzufügen, was der Vater ihm gab. Er wiederholte einfach, was der Vater sagte und tat, was der Vater ihm zeigte.

Also, zurück zu der Geschichte; ich sprach zu den Füßen

der Frau. Ich schaute eine kurze Weile später zu ihr hinüber und sah, dass sie ihre Schuhe ausgezogen hatte und sich auf Zehenspitzen stellte. Ich fragte sie: „Was passiert gerade?" Sie rief aus: „Schau dir meine Füße an!" Ich schaute auf ihre Füße und sagte: „Nun, sie sehen meiner Meinung nach normal aus." Sie sagte: „Das ist es ja!". Sie erzählte, dass sie viele Jahre zuvor ein Pferd geritten war. Das Pferd war gestürzt und ihr über Bein und Fuß gerollt. Ihr Fuß war zerschmettert gewesen. Sie sagte, dass es keinen Knochen in ihrem Fuß gegeben hatte, der noch intakt war. Ärzte hatten sie öfters operiert und hatten versucht, ihn wieder zusammenzusetzen, doch er war niemals wieder richtig zusammengewachsen und sie hatte permanente Schmerzen. Als Resultat war ihr Fuß ein wenig verdreht und steif gewesen. Jetzt war er komplett gerade und jeder Schmerz war verschwunden!

Empfange die Initiativen des Himmels

3

DAS ZELT – EIN NEUBEGINN

Dies alles entwickelte sich explosionsartig in meinem Leben durch eine Reihe von Begegnungen mit Gott, die im Jahr 2002 anfingen. Ich hatte an einer Konferenz „The Open Heavens" („Offene Himmel") mit Todd Bentley, Patricia King, Jill Austin und anderen, teilgenommen. Zu dieser Zeit war ich Hauptpastor der Harvest Rock Church in Las Vegas, Nevada. Ich reiste mit vier anderen aus unserer Gemeinde (einschließlich meiner Tochter Kelly) nach Abbotsford, Britisch Kolumbien in Kanada. Mein bester Freund Jim Drown hatte mich in jenem Jahr schon früher mit Todd bekannt gemacht und wir hatten beschlossen, uns auf der Konferenz zu treffen.

Wir verbachten dort vier herrliche Tage in denen wir Lehre über unseren Zugang zum Himmel erhielten, sowie Segen durch Handauflegung empfingen. Ich konnte spüren, wie sich die Gegenwart Gottes sehr stark in der Versammlung bewegte. Doch die eigentliche Ausgießung des Geistes geschah am Tag unserer Abreise.

Wir waren nach Seattle geflogen und hatten für die kurze Strecke über die Grenze nach Kanada ein Auto gemietet. Als es Zeit wurde zurückzufahren, stiegen wir fünf ins Auto und wurden sofort durch die Gegenwart des Herrn überwältigt, die das Auto erfüllte. Es war, als ob man brennende Kohlen sammeln und aufflammendes Feuer sehen würde. Meine Sekretärin Maria begann, heftig auf dem Rücksitz zu zittern. Ich war dankbar, dass mein Freund Robert das Auto fuhr – ich denke, er hatte mehr Erfahrung mit dem Fahren unter der Einwirkung des Heiligen Geistes!

Als wir Kanada verließen, wussten wir, dass wir noch sechs Stunden Zeit hatten, bevor wir am Flughafen sein mussten. Also überlegte ich mir, wie wir diese Zeit verbringen sollten. Als wir unterwegs waren, sah ich plötzlich eine Vision, in der wir diese sechs Stunden in einem schönen Park mit dem Herrn verbrachten. Als ich meine Vision den anderen im Auto weitergab, stellte es sich heraus, dass alle fünf von uns soeben ähnliche Visionen gehabt hatten. Meine Tochter Kelly hatte gerade eine Vision von einem See gehabt. Maria hatte einen Wald gesehen und die anderen von uns hatten eine Vision von einem Park gehabt.

Während wir noch über die Bedeutung dieser Visionen nachdachten, kamen wir zu einer Autobahnausfahrt mit dem Hinweisschild: „Waldsee Park"! Ich zeigte auf das Schild und rief: "Hier ist unsere Ausfahrt!".

Wir verließen die Autobahn an dieser Ausfahrt und als wir zur Kreuzung kamen, sprach der Herr zu jedem im Auto: „Biegt nach links ab!". Wir bogen links ab und hatten ein fünfundvierzig-minütiges Abenteuer, in dem der Herr zu uns allen über jede Abzweigung sprach. Wir kamen zu einer T-Kreuzung und sahen einen Park, direkt an einem See, genau hinter der Kreuzung. War das unser Ziel? „Nein", sagte der Herr, „Fahrt nach links." Wir folgten dieser Straße, die um den See führte, bis wir zu einem dicht bewaldeten Gebiet gelangten und der Herr sprach: „Fahrt langsam und schaut nach links." Also bremsten wir, fingen an, nach links zu schauen und kamen bald zu einem kleinen Schild „Parkeinfahrt".

Wir fuhren in den Park und kamen zu einem Parkplatz, wo wir das Auto abstellten. Als Maria aus dem Auto ausstieg, fielen ihre Augen auf die Szene, die sie zwei Wochen zuvor während einer Gebetszeit in unserer Gemeinde gesehen hatte. Sie hatte eine sanft abfallende grüne Wiese gesehen, die über und über mit weißen Gänseblümchen übersät war. In der Vision war sie mitten in die Wiese gerannt und hatte sich auf der Wiese in der Gegenwart Gottes ausgestreckt. Das erzählte sie uns nun. Es war genau die Szene, die sich uns nun darbot. Sie rief: "Das ist meine Wiese, das ist meine Wiese!", rannte in die Mitte der Wiese und streckte sich dort in der Gegenwart Gottes aus.

Ich ging weiter in den Park hinein und gelangte zu einem tischförmigen Stein, der sich unterhalb einiger Kiefern befand. Ich kletterte auf diesen Stein und legte mich darauf. Ich fing an zu Jesus zu sprechen und sagte: "Hier bin ich, ein lebendiges Opfer für dich." Wellen von Gottes Gegenwart begannen durch mich zu fließen.

Ich bin mir nicht ganz sicher, wie lange ich dort lag, doch nach einer Weile sprach der Herr sehr klar in meine Gedanken: „Wenn du nach Hause kommst, kaufe ein Zelt. Ich werde dich im Zelt treffen. Ich will dir das *Laubhüttenfest* neu schenken." Ich wusste, dass das *Laubhüttenfest* ein Teil der letzten Feste im Jahr für das Volk Gottes war. Ich wusste, dass das Passahfest an dem Tag erfüllt wurde, als Jesus am Kreuz starb; das jüdische Pfingstfest wurde an Pfingsten nach Apostelgeschichte 2 erfüllt; und dass das Laubhüttenfest noch als Teil der endzeitlichen Ereignisse erfüllt werden sollte.

Voller Aufregung sprang ich vom Steintisch, um jemanden zu finden, dem ich erzählen konnte, was ich gerade gehört hatte. Ich fand Robert und Joann, die sich in der Nähe unterhielten und erzählte ihnen begeistert, was ich gehört hatte.

Während ich es den beiden erzählte, fielen meine Augen auf einen etwas merkwürdigen Anblick. Hinter Robert und Joann stand ein drei bis vier Meter hoher Baumstumpf. Von einer Kiefer mit einem halben Meter Durchmesser waren die Krone, sowie alle Äste abgesägt worden. Während ich diesen Baumstumpf betrachtete, hörte ich, wie Jesus mich fragte:" Kann dieser Baum leben?" „Warum Herr?" fragte ich.

Seine Antwort überraschte mich. „Wenn ich meine Gemeinde jetzt richten und alle Zweige abhauen würde, die keine Frucht in meinem Sinn tragen, dann sähe meine Gemeinde genauso aus, wie dieser Stumpf."

Plötzlich schrie ich zum Baum: "Ich befehle dir, LEBE!"

Die Zeit danach verging sehr schnell. Wir kamen rechtzeitig zum Flughafen und gegen zehn Uhr abends in Las Vegas an. Doch bevor ich vom Flughafen nach Hause fuhr, hielt ich an einem Geschäft an, das 24 Stunden geöffnet hatte, von denen es in Las Vegas viele gibt - und kaufte ein Zelt.

Ich kam nach elf Uhr abends nach Hause und fing sofort nach meiner Ankunft an, die Möbel in meinem Wohnzimmer zu verstellen und das Zelt aufzubauen. Meine Frau kam aus dem Schlafzimmer, und stellte fest, dass ich zurückgekommen war und in ihrem Wohnzimmer ein Zelt aufstellte.

„Gehört das nicht nach draußen?" fragte sie.

„Nein, dieses hier gehört ins Haus, mit mir darin", entgegnete ich ihr.

Daraufhin erzählte ich ihr alles über meine Begegnung mit Gott an diesem Tag. Ich bat sie darum, meine Zeit im Zelt zu beschützen. „Ruft jemand an oder fragt nach mir an der Haustür, dann sag ihnen, dass ich in den Himmel gegangen bin." Dies war der erste Tag eines neuen Anfangs in meinem Leben!

BEGEGNUNGEN IM HIMMEL

Ich fing an, Zeit im Zelt zu verbringen. Immer wenn ich hineingegangen war, setzte ich Kopfhörer auf, um alle Ablenkungen der Außenwelt auszublenden und hörte Instrumentalmusik. Ich begann meine Augen für das Natürliche zu schließen und meine geistlichen Augen zu öffnen. Sehr bald begann ich, Dinge im Himmel zu sehen und verschiedene Szenen an himmlischen Orten wahrzunehmen. Ich wusste, dass mein Körper immer noch im Zelt war, doch dadurch, dass meine Augen geöffnet wurden, sah ich neue Dinge. Was ich sah, war sehr detailliert und klar. Während diesen Zeiten der Begegnung konnte ich auch die Gegenwart des Herrn auf mir spüren.

Eine der ersten Visionen, die ich hatte, war eine Wiese im Himmel, über die ich mit Jesus lief. Durch die Mitte der Wiese führte ein Pfad und als ich Jesus folgte, bemerkte ich, dass der Weg mit runden Steinen begrenzt war. Als ich einen der Steine ansah, bemerkte ich, dass er Augen hatte und mich ansah! Steine mit Augen! Wie kann das sein?

Da sprach der Herr zu mir und erklärte mir, dass alles im Himmel lebt - alles ist aus lebendigem Material geschaffen.

Während sich dieser Gedanke in meinem Kopf zu setzen begann, fragte mich der Herr, ob ich mich an den Baum erinnerte, dessen Äste und die Krone abgesägt waren. Ich konnte mich gut daran erinnern.

Dann sagte Er: „Wenn meine Gemeinde anfängt, mit mir Zeit an himmlischen Orten zu verbringen, wird alles, was tot war, wieder lebendig werden." Dann fragte Er: "Erinnerst du dich an den Stab Aarons, an dem Knospen wuchsen?"

Ich erinnerte mich, dass man den Stab Aarons über Nacht in das Allerheiligste brachte und dass in nur einer Nacht ein toter Stock wieder zum Leben erwachte. Er trieb neue Zweige, neue Blüten und reife Früchte – alles in nur einer Nacht.

Der Herr sagte: „Das ist, was ich heute in meiner Gemeinde machen will. Ich will meine Gemeinde in den Himmel bringen und sie mit Leben durchdringen. Aus dem, was abgestorben war, soll neues Leben hervorgehen. Eine Nation wird an einem Tag geboren werden."

Der Herr zeigte mir viele Dinge an himmlischen Orten und ich begann, mehr und mehr Zeit im Zelt zu verbringen. Ich hörte Seine Stimme, spürte Seine Gegenwart und konnte Dinge sehen. Meine geistlichen Sinne begannen zum Leben zu erwachen, während ich auf den Herrn im Zelt wartete. Der Herr lehrte mich viele Dinge, indem er mir Schriftstellen zeigte. Ich fing an mir Notizen zu machen und abzutippen, was mir Gott sagte. Das Meiste, was ich heute lehre, kam aus diesen Zeiten im Zelt. Dadurch, dass ich weiterhin Zeit mit Ihm im Himmel verbringe, werden mir immer noch fortlaufend neue Dinge offenbart.

DIE DREI EBENEN DER BEWEISFÜHRUNG

Ich habe erkannt, dass es drei Beweisebenen gibt, welche die Realität unserer Erfahrungen mit Gott bestätigen, damit wir diese Erfahrungen nicht nur auf Grundlage unserer Gefühlen oder dem Erleben von kuscheliger Wärme prüfen. Er will, dass wir nach dem echten Beweis suchen, der zeigt, dass dies Realitäten des Himmels sind. Während ich weiter Zeit in Seiner Gegenwart verbrachte, wurden mir drei Ebenen von Beweisen bewusst.

Die erste Ebene ist die Veränderung des Charakters. Dies wurde mir bewusst, als ich eines Tages aus meinem Zelt kam und meine Frau meinte: " Ich liebe es, wenn du Zeit im Zelt verbringst." „Warum das denn?" fragte ich. Sie sagte: „Wenn du aus dem Zelt kommst, bist du so sanft."

Sanft zu sein ist nicht mein normaler Gemütszustand! Doch die Zeit, die ich in Seiner Gegenwart verbrachte, hatte einen besänftigenden Einfluss auf mein Leben. Seine Gegenwart in meinem Herzen und meinem Leben veränderte meinen Charakter.

Die zweite Beweisebene ist die Zunahme der Kraft Gottes in unserem Leben. Es sollte eine Zunahme an Kraft für Heilungen, Zeichen und Wunder, zum Prophezeien und für Worte der Erkenntnis hervorbringen. Sehr präzise Prophetien und Initiativen begannen mein Leben zu kennzeichnen. Mit dieser neuen Fähigkeit zu hören und zu sehen konnte ich die Initiativen des Himmels klarer empfangen. Ich sah eine höhere Ebene der Aktivierung, um die Werke Jesu zu tun.

Die dritte Beweisebene ist das gemeinsame Erlebnis mit anderen Personen an Orten im Himmel. Wenn ich nur erfinden würde, was ich sehe und erlebe, dann würden andere nicht fähig sein, die gleichen Dinge auch zu sehen. Handelt es sich dagegen um himmlische Realitäten, dann ist es auch möglich, dass ich jemand anderem im Himmel begegne, der mir danach genau sagen kann, wo ich gewesen bin und was ich gemacht habe. Ich hatte diese Art von Erlebnissen mit anderen, die sahen, was ich dort tat und es mir danach erzählten. Dies bestätigte mir durch handfeste Beweise, dass es nicht nur eine Fantasie war, sondern eine himmlische Wirklichkeit.

Göttliche Freundschaft

Jesus geht es vor allem darum, dass du lernst, Ihn zu hören, sich mit Ihm eins zu machen und eng vertraut mit Ihm zu werden. Dass du Sein Herz wahrnimmst, seinen Herzschlag hörst. Dass du lernst, Seine Anweisungen für dich zu hören.

Aus dem Überfluss der Liebesbeziehung mit dem Herrn wirst du lernen, die Initiativen des Himmels zu empfangen. Du wirst eine Initiative des Himmels empfangen, um jemanden zu heilen, die Werke Jesu zu tun oder Informationen über jemanden zu erhalten, dem du auf der Straße Zeugnis gibst. Vielleicht wirst du auch anfangen, Initiativen über deine eigene geistliche Verfassung zu empfangen – darüber, wo dein Herz gerade steht. Du wirst anfangen von Gott zu hören, wie deine Beziehung zu deinem Ehepartner aussieht. Du wirst anfangen, Initiativen zu empfangen, wie du deine Kinder erziehen sollst. Du wirst anfangen, Initiativen über deine Arbeit oder über deine Finanzen zu empfangen. Du beginnst, für alle diese Bereiche Initiativen zu empfangen, denn es dreht sich alles um die Beziehung mit dem Einen, der sich um jeden Teil deines Lebens kümmert.

Es gibt nichts in deinem Leben, an dem Gott nicht teilhaben will. Er möchte an jedem Aspekt deines Lebens beteiligt sein und Er will, dass du so eng mit Ihm verbunden bist, dass du aus den Ressourcen und dem Leben des Himmels lebst.

So tat es Jesus und Er möchte, dass du ein noch erfüllteres Leben führst.

DIE IM VERBORGENEN AKTIVIERTEN SINNE

Ich erwarte, dass wenigstens ein oder gar alle geistlichen Sinne funktionieren, wenn ich meine Stille Zeit im Verborgenen mit Gott verbringe. In Matthäus 6 heißt es, dass du in dein Zimmer gehen, die Tür schließen und zu deinem Vater beten sollst, der im Verborgenen ist. Er wartet auf uns. Es können alle möglichen erstaunlichen Dinge geschehen, wenn wir zu Ihm kommen. Wir werden eng mit Ihm verbunden sein, der die Quelle des Lebens ist, wenn wir zu Ihm an Seinen verborgenen Ort kommen. Geistliche Sinne erwachen zum Leben und sie wachsen, indem wir sie gebrauchen.

Die Früchte, die aus den Zeiten der Gemeinschaft mit Jesus hervorkommen, sind: (1) schärfere Sinne, um die Initiativen des Himmels noch präziser empfangen zu können. (2) eine höhere Ebene der Produktivität in den Früchten des Reichs der Himmel (mehr Errettungen, mehr Heilungen, eine größere Versorgung und mehr Wunder durch Weisheit). (3) ein zunehmendes Verlangen nach den Dingen Gottes (Die Werke Jesu zu tun lässt deinen Hunger auf den Himmel größer werden.). (4) ein Austrocknen der Begierden des Fleisches („Wandelt im Geist, und ihr werdet die Begierde des Fleisches nicht erfüllen." Galater 5,16).

All diese Frucht wird hervorgebracht, wenn wir dem Heiligen Geist erlauben, Gebet neu zu definieren. So viele unserer Gebete waren irdische Initiativen unserer Worte zu Gott im Himmel. Unser Gebet ist getränkt von unseren Werken und unserem Schweiß, doch das ist in Wirklichkeit nicht das, wonach

Gott sucht. Ich kann mir bildlich vorstellen, wie Gott im Himmel sagt: „Komm, entspann dich! Lass uns einfach ein bisschen Zeit miteinander verbringen." Wir brauchen eine grundlegende Veränderung der Perspektive. Es dreht sich alles um die Gemeinschaft mit Gott. Unsere Zeit im Gebet soll nicht so sein, dass wir unser Anliegen herausspucken, und dann verschwinden, sondern so, dass wir unsere geistlichen Sinne trainieren, dass wir sehen, hören, fühlen, riechen und schmecken, wie es ist, Gott nahe zu sein.

Tiefe Gemeinschaft mit Gott als die Quelle der Versorgung

Matthäus 6 spricht gleich nach den Versen über die Gemeinschaft mit Gott über Versorgung. Wusstest du, dass all deinen Nöten im Verborgenen begegnet werden kann? Wenn unsere Sinne aktiviert sind, im Geist zu hören und zu sehen, wird Er uns zeigen, was wir mit unseren Finanzen machen können. Aus dem Verborgenen heraus haben wir Zugang zur Versorgung.

Einmal gingen wir abends zu einer Veranstaltung einer anderen Gemeinde in der Stadt. Während des Opferaufrufs beteten Lynnie und ich und spürten, wie Gott uns sagte, dass wir 600$ spenden sollten. Unser Budget war sehr knapp und dieses Geld war kein zusätzliches Geld, das wir übrig hatten! Doch wir haben gelernt, dass, wenn wir im Gehorsam geben, Gottes Segen (für uns) freigesetzt wird. Ich ging und legte den Scheck in den Opferstock, obwohl ich über die Höhe des Betrages, den wir geben sollten, schockiert war. Als ich auf dem Rückweg zu meinem Stuhl war, kamen zwei Leute auf mich zu und steckten mir Schecks in die Brusttasche meines Hemdes. (Wohlgemerkt: Ich war weder der Gastsprecher, noch war ich ein Teil der Leiterschaft dieser Gemeinde). Als ich später nachschaute, waren es Schecks im Gesamtwert von 5.050$. Ich glaube nicht, dass das geschehen wäre, wenn wir nicht im Gehorsam Gott gegenüber gegeben hätten. Dies wurde aus den Zeiten der Intimität mit Gott im Verborgenen geboren, wo man lernt Seine Stimme zu hören.

Vor Jahren besaßen wir ein Privatunternehmen, mit dem wir in finanziellen Schwierigkeiten waren. Wir beteten zu Gott und baten Ihn, uns mehr Aufträge zu beschaffen, da wir das Geld benötigten. Wir machten bereits Überstunden und bauten gleichzeitig noch eine spanischsprechende Gemeinde auf. Wir verausgabten uns völlig, konnten aber unsere Versorgung nicht sichern. Ich bin froh, dass Gott wusste, was wir wirklich brauchten, auch wenn wir es falsch ausdrückten.

Ich wurde still, um Gottes Antwort zu hören. Er sagte: „Nimm Papier und Stift." Ich holte Papier und Stift. Daraufhin sprach Er zu mir: „Schreibe diese vier Namen auf, die ich dir geben werde."

„Ich bin bereit, Herr", antwortete ich.

Er ließ mich vier Namen von Immobiliengesellschaften aufschreiben, die uns laufend Aufträge gaben. „Und was nun?" fragte ich.

Er sagte: „Ich möchte jetzt, dass du diese Unternehmen anrufst und ihnen mitteilst, dass du nicht mehr länger für sie arbeiten kannst."

„Herr! Ich habe um mehr Arbeit gebeten und nicht um weniger!"

„Mach es einfach", antwortete Er. Ich muss zugeben, mein Herz wurde schwer. Er hatte von mir verlangt, vier meiner Dauerkunden aufzugeben. Ich war geschockt! Ich brauchte doch mehr Einkommen und nicht weniger. Das alles ergab keinen Sinn. Doch hatte ich gelernt, Gottes Stimme zu gehorchen. Also rief ich diese vier Kunden an und überbrachte ihnen die Nachricht, dass ich in Zukunft nicht mehr für sie würde arbeiten können. Erstaunlicherweise arbeiteten wir von diesem Zeitpunkt an weniger und verdienten mehr Geld und hatten keine finanziellen Schwierigkeiten mehr. Letztendlich hatten wir viel mehr Zeit, uns dem Aufbau einer Gemeinde zu widmen. Ich hatte gelernt, dass Gott uns auch Rat bezüglich unserer Finanzen gibt, wenn wir uns Zeit in der Verborgenheit mit Ihm nehmen.

Die Initiativen des Himmels am Ort der Verborgenheit finden

In der Gemeinschaft mit Gott können wir Heilung anzapfen, ob physisch oder emotional. Seine bloße Gegenwart kann uns heilen. Er kann uns Rat geben – eine Initiative des Himmels – die die Heilung bringen wird.

Eines Tages rief uns unsere Tochter an und klagte über schreckliche Schmerzen in ihrem Körper. Wir beteten ein einfaches Gebet, doch nichts schien sich zu ändern. Wir brachten sie weiter vor Gott und baten um eine Initiative. Ein paar Tage später, als wir auf dem Weg zu einer Veranstaltung waren, wusste ich plötzlich, was zu tun war! Ich hatte eine Initiative empfangen. Eine spezielle Anweisung für ihre Heilung. Ich rief unsere Tochter an und forderte sie auf ihr Handy auf Freisprecher einzustellen und es dann auf die schmerzende Stelle auf ihrem Körper zu legen. Daraufhin sprach ich zu ihrem Körper und befahl dem Schmerz und der Entzündung zu gehen. So hatte ich es im Himmel gesehen. Wir kamen zu der Veranstaltung und gingen hinein in den Anbetungsgottesdienst. Plötzlich erhielten wir eine SMS von unserer Tochter. Aller Schmerz und jede Entzündung war verschwunden und sie war komplett geheilt! Dies geschah durch die Initiative des Himmels.

Der Heilige Geist kann uns im Verborgenen zeigen, wie wir mit unserem Ehepartner umgehen sollen, wie wir unsere Kinder aufziehen können und andere Details die unser persönliches Leben betreffen. Einmal, als meine Frau und ich eine Meinungsverschiedenheit hatten, ging ich zu Gott mit einem „Beschwerdegebet". Ich wurde still, um zu hören, was Gott dazu zu sagen hatte. Er forderte mich auf, zu Lynnie zu gehen und ihr folgendes zu sagen… „Ja, ich werde es ihr sagen!"…Doch Gott sagte mir, ich solle zu ihr gehen, um ihr zu sagen, dass sie Recht hatte! Wie bitte? Aber ich war gehorsam und teilte ihr mit, dass Gott mir gesagt hatte, sie hätte Recht. Dieser einfache Akt des Gehorsams veränderte unsere Beziehung. Lynnie fing an, bei Streitigkeiten zu Gott zu gehen, mit dem Wissen, dass ich von Ihm hören und Er zu mir sprechen würde. So kann Gott aus der Gemeinschaft mit Ihm heraus Seine persönliche Führung und Segen über uns fließen lassen.

Im Verborgenen kann uns Gott auch eine Last für Gebet geben, manchmal sogar für Menschen, die wir gar nicht kennen. Einmal beauftragte Gott meine Frau Lynnie mitten in der Nacht für den Schutz der Menschen von Wisconsin zu beten. Sie kannte dort niemanden, war aber trotzdem gehorsam. Sie krabbelte in unser Gebetszelt, schrieb „Wisconsin" auf einen

Papierschnipsel und betete um Schutz für Wisconsin. Ein paar Tage später erfuhren wir durch die Nachrichten, dass Tornados in Wisconsin gewütet hatten, die viele Gebäude, Geschäfte und Kirchen zerstört hätten, aber nicht eine Person gestorben sei. Im Verborgenen zeigt uns Gott, was wir beten sollen (eine Initiative vom Himmel), wir beten es zu Ihm zurück und die Wunder geschehen. Ist das nicht erstaunlich? Es ist so einfach und doch so tiefgründig. Es ist prophetisches Gebet. Wir hören und sprechen. Wir sehen und setzen um.

Ich glaube, dass wir eine Gemeinde erleben werden, die weiß, wie man lebt und vorwärts geht und im Geist miteinander in Verbindung steht, mehr als alle anderen Generationen zuvor, hervorgebracht aus einem Leben in der Verborgenheit mit Gott und der Aktivierung der geistlichen Sinne. Die Bibel sagt, dass die Herrlichkeit des künftigen Hauses größer sein wird, als die des früheren[1]. Der Herr wird nicht zu einer schwachen Gemeinde wiederkommen, sondern zu einer herrlichen Braut ohne Flecken und Falten, die sich mächtig in den Manifestationen Gottes zeigt. Sie wird Seine Herrlichkeit in der Welt reflektieren, wenn sie Zeit damit verbringt, Ihn im Verborgenen anzuschauen.

INTIMITÄT MIT GOTT SETZT KRAFT FREI

Der einzige Weg, um sich wirklich mit dem Himmel zu verbinden und die geistlichen Sinne zu entfalten ist, eine persönliche Beziehung mit dem Herrn an einem ruhigen Ort zu

---

1   Anmerkung des Übersetzers: Haggai 2,9

haben und Ihn vor allen Dingen zu kennen. Unser Lebensfluss kommt von Ihm. Ihn zu kennen muss das Fundament eines Lebens voller Wunder sein.

Matthäus 7,21-23: „Nicht jeder, der zu mir sagt: Herr, Herr!, wird in das Reich der Himmel hineinkommen, sondern wer den Willen meines Vaters tut, der in den Himmeln ist. Viele werden an jenem Tage zu mir sagen: Herr, Herr! Haben wir nicht durch deinen Namen geweissagt und durch deinen Namen Dämonen ausgetrieben und durch deinen Namen viele Wunderwerke getan? Und dann werde ich ihnen bekennen: Ich habe euch niemals gekannt. Weicht von mir, ihr Übeltäter!"

All unsere Aktivitäten und Dienste für den Herrn müssen aus einer Beziehung hervorkommen, in der wir Ihn kennen, andernfalls ist es nur religiöses Gehabe und keine Liebesbeziehung.

Die Dunamis Kraft wird aus dem Ort der Intimität freigesetzt. Sie führt uns von Sorge zu Glauben, von Ruhelosigkeit zur Ruhe, von Gedanken des Fleisches zu geistlicher Wahrnehmung. Der natürliche Verstand ist in Feindschaft mit dem Geist und muss deshalb ruhig gestellt werden (1. Korinther 2,14; Römer 8,5 und 14; Prediger 5, 1-3). Wir müssen leer von uns selbst werden, um mit Ihm gefüllt zu werden. Wir müssen unseren Fokus auf Ihn richten.

Es ist notwendig, Zeit und einen Ort für den Herrn zu reservieren. Ja, wir sollten den ganzen Tag über offen sein für den Geist, wir sollen uns aber trotzdem auch Zeit für uns nehmen, um still vor Ihm zu werden. Wir müssen lernen, uns auf spontane Gedanken, Bilder und Worte, die Er uns gibt, einzustellen, als Seine Art, zu uns zu sprechen. Er ist um jeden Aspekt deines Lebens besorgt und möchte mit dir und durch dich leben. Alles, worauf er wartet, ist, dass du deine Gedanken auf Ihn richtest.

VERTIEFE DEINE BEZIEHUNG

Du kannst deine Beziehung zu Jesus und dem Vater durch die Taufe im Heiligen Geist vertiefen. Er beflügelt deine geistlichen Sinne auf einer neuen Ebene. Der Heilige Geist in dir verbindet deine geistlichen Sinne mit dem Himmel. Informationen können hin und her fließen. Du kannst Gottes Wort auf einer tieferen Ebene verstehen, wenn du im Heiligen Geist getauft bist. Die Bibel wird lebendig mit neuer Offenbarung. Der Heilige Geist ist derjenige, der dich in die ganze Wahrheit leitet (Johannes 16,13). Wenn du im Heiligen Geist getauft bist, hast du die Kraft ein größerer Zeuge für diejenigen zu werden, die Jesus nicht kennen (Apostelgeschichte 1,8). Auch Worte der Erkenntnis, Heilungen und Wunder werden zunehmen.

Jesus verband sich mit dem Himmel, nachdem er mit Wasser getauft und der Heilige Geist über Ihn gekommen war und auf Ihm blieb. Gleich nach dieser Erfahrung sagte er in Johannes 1, 51: „Wahrlich, wahrlich, ich sage euch: Ihr werdet den Himmel geöffnet sehen und die Engel Gottes auf- und niedersteigen auf den Sohn des Menschen." Durch den Heiligen Geist lebte Er im Einklang mit Seinem Vater im Himmel. Auch du wirst leichter in diesen Fluss vom Himmel hineinkommen, wenn du vom Heiligen Geist erfüllt bist. Du bist die Verbindungsleiter zwischen Himmel und Erde.

Du kannst auch deine Verbindung zum Fluss der Kraft Gottes stärken, indem du dich bei Menschen aufhältst, die sich im Geist bewegen. Ihre Begabung scheint auf die Menschen in ihrer Umgebung überzufließen. Propheten geben das Prophetische weiter. Menschen im Heilungsdienst tragen einen Mantel der Heilung, der sich auf Andere um sie herum überträgt. In welcher Salbung ihr euch auch aufhaltet - sie wird bei euch wachsen.

Deine Verbindung mit Gottes Kraft nimmt ebenfalls zu, wenn du in das hineingehst, was Gott dir gegeben hat. Wenn du den ganzen Tag offen für das Reden des Herrn bist und Seinen Willen tust, wird sie wachsen. Sei es bei der Arbeit, im Beruf, in der Schule oder beim Einkaufen – deine Verbindung mit Ihm soll wachsen. Die Kraft Gottes durch Sensibilität für die Initiativen des Himmels in Anspruch zu nehmen, verstärkt diesen Fluss. Blockaden aufzulösen, wie z.B. Angst oder Ablenkungen, verstärkt den Zufluss. Aktiv die Werke des Himmels tun, verstärkt das Weiterfließen. Beides hat großen Einfluss auf die Fließdynamik des Lebensstromes, der dich durchströmt. Lerne zu geben, was du hast, so wird der Strom stärker. Lerne dies ganz natürlich zu tun. Ein Beispiel: „Gott möchte, dass ich dir sage, dass er dich liebt." oder „Haben Sie eine Schwester, die krank ist?" Wenn sie „nein" sagen, dann entschuldige dich einfach und erkläre, dass du dabei bist zu lernen, Gottes Reden zu hören und dass du dich wohl verhört hast." Sagt die Person aber „Ja", dann kannst du Gott fragen, was du als nächstes sagen sollst, wie z.B.: „Ich spüre, dass Gott sie gerade heilt." Gott will deine Sinne in der Gemeinschaft mit Ihm trainieren, sodass du Seine Kraft in die Welt tragen kannst.

4

DIE GEISTLICHEN SINNE

Ich frage Menschen oft, wie viele Sinne sie denn hätten und sie antworten mir, sie hätten fünf (oder manchmal sagen sie, sie hätten diesen „sechsten Sinn"). Eigentlich haben sie zehn Sinne, wenn sie wiedergeboren sind – fünf natürliche und fünf geistliche. Darum konnte Jesus sagen: „Denn mit sehenden Augen sehen sie nicht und mit hörenden Ohren hören sie nicht; und sie verstehen es nicht." (Matthäus 13,13; Lutherübersetzung 1984). Sie hörten und sahen im Natürlichen, aber nicht im Geistlichen.

Nach dem Verfasser des Hebräerbriefs wird die geistliche Reife an der Übung der geistlichen Sinne in der Unterscheidung von Gut und Böse gemessen. „Die feste Speise aber ist für die Gereiften, deren Sinne durch Übung geschult sind zur Unterscheidung des Guten und des Bösen." (Hebräer 5,14; Schlachter 2000).

Unsere geistlichen Sinne werden erneuert, wenn wir in Christus wiedergeboren werden. In Johannes 3,3 erklärt Jesus Nikodemus, dass wenn ein Mensch nicht von neuem geboren ist, er das Reich Gottes nicht sehen kann. Wenn man das positiv ausdrückt, bedeutet es, dass, wenn man geistlich lebendig gemacht (d.h. wiedergeboren) wurde, man dann das Reich der Himmel sehen kann. Die geistlichen Sinne sind aktiviert. Wir sind durch unsere neue Geburt im Geist wiederhergestellt und was tot war, wird lebendig.

In der Tat, wenn du durch den Glauben an Jesus Christus wiedergeboren bist, wirst du zu einem Menschen, der vervollständigt wurde. Du hast nun einen kompletten Satz von zehn Sinnen, anstatt nur der fünf, mit denen du geboren wurdest. Du verfügst sowohl über die fünf natürlichen Sinne als auch über die fünf geistlichen Sinne. Wie die natürlichen Sinne uns eine Schnittstelle mit der realen Welt bieten, so verknüpfen uns die geistlichen Sinne mit der geistlichen Welt. Die geistlichen Sinne sind das Spiegelbild des Natürlichen. Die zehn Sinne geben dir die Möglichkeit, in beiden Dimensionen, im Natürlichen und im Geistlichen, zu wirken.

In Johannes 3,5 erklärte Jesus dem Nikodemus, dass wenn ein Mensch nicht aus Wasser und Geist geboren ist, er nicht in das Reich Gottes hineinkommen kann. Aus dem Wasser geboren meint die natürliche menschliche Geburt und aus dem Geist geboren bezeichnet die geistliche Geburt. Beides ist wichtig, um in Gottes Plan für unser Leben hier auf Erden zu leben.

Im 1. Korinther 2,14 steht, dass der natürliche Mensch, der den Geist nicht hat, das ablehnt, was vom Geist Gottes ist, da es Unsinn für ihn ist und er nicht in der Lage ist, es zu verstehen, weil es geistlich beurteilt werden muss (vgl. Neue Genfer Übersetzung/Elberfelder). Somit ist der einzige Weg, um Zugang zu den Dingen des Heiligen Geistes zu haben, die Aktivierung unserer geistlichen Sinne durch den Geist Gottes.

Die geistlichen Sinne werden gebraucht, um Hilfe vom Himmel auf die Erde zu bringen und Gottes Herrschaft auf der Erde zu erweitern. Durch die Aktivierung und den Gebrauch der geistlichen Sinne können wir eine Beziehung zu unserem himmlischen Vater bekommen, Initiativen empfangen, die im Himmel geboren wurden und diese auf die Erde bringen. Auf diese Weise schaffen wir die „Leiterverbindung" zum Himmel („Himmelsleiter").

AKTIVIERUNG DER GEISTLICHEN SINNE

In Matthäus 25,1-13 steht: „Dann wird es mit dem Reich der Himmel sein, wie mit zehn Jungfrauen, die ihre Lampen nahmen und hinausgingen, dem Bräutigam entgegen... Als aber der Bräutigam auf sich warten ließ, wurden sie alle schläfrig und schliefen ein. Um Mitternacht aber entstand ein Geschrei: „Siehe, der Bräutigam! Geht hinaus, ihm entgegen!"... So wacht nun! Denn ihr wisst weder den Tag noch die Stunde [in welcher der Sohn des Menschen kommen wird]."

Wir könnten sagen, dass die fünf törichten Jungfrauen diejenigen mit ausschließlich den fünf natürlichen Sinnen sind, während die fünf klugen Jungfrauen solche sind, deren zehn Sinne - einschließlich der fünf geistlichen Sinne - aktiviert worden sind. Diese waren nämlich diejenigen, die mit ihren geistlichen Sinnen hörten und wachten. Sie füllten ihre Lampen mit dem Öl, das aus dem Fluss des Heiligen Geistes in ihnen hervorkam. Sie deaktivierten ihre Sinne nicht durch Schlaf.

Gott ruft Seine Gemeinde heute, dass sie ihre geistlichen Sinne erweckt und im Geist sieht, hört, riecht, fühlt und schmeckt. Wenn die Erweckung der letzten Tage eine prophetische Erweckung sein wird, wie sie in Joel 2 beschrieben wird, dann ist es wichtig zu lernen, wie man in Einbeziehung der geistlichen Sinne tagtäglich lebt.

Wir leben in einer Zeit, in der Gott unsere Fähigkeit im Geist zu leben und durch Ihn Erkenntnis zu haben, schärft. Die geistlichen Sinne werden geschärft, indem man mit dem Heiligen Geist erfüllt ist. Er möchte, dass du mit dem Heiligen Geist getauft bist und dann immer wieder von Ihm erfüllt wirst, wie es schon die Jünger die ganze Apostelgeschichte hindurch erlebten.

Die Schrift sagt uns, dass wir nur stückweise erkennen und nur stückweise weissagen. Das stimmt. Wir werden immer noch Fehler machen. Wir werden Dinge falsch sehen. Es wird Zeiten geben, in denen Gott etwas machen will, wir es aber einfach nicht kapieren. Wenn ich aber eines weiß, dann das, dass wir unsere Sinne schärfen können. Wir können unsere Sinne schärfen und anfangen, damit zu rechnen, dass Gott tatsächlich spricht. Unsere geistlichen Sinne werden sich entwickeln, wenn wir von Seiner Gegenwart durchtränkt werden, oder in Seiner Gegenwart „soaken"[2]. Wenn wir ausgedehnte Zeiten damit verbringen, von Ihm zu hören, werden unsere Sinne geschärft und wir werden von Seiner Gegenwart durchtränkt. Gott möchte, dass wir lernen, ganz einfach ruhig zu werden, um Seine Initiativen zu empfangen. Seine Initiativen kommen auf so viele verschiedene Arten. Sie kommen in spontanen Impulsen in Bildern, in deinem Hören, deinen Gefühlen und deinem Spüren im Geist, während du dich auf Ihn konzentrierst und dem Heiligen Geist den Vortritt lässt.

GEISTLICHE REIFE

Wir leben in einer Kultur, wo die Anhäufung von Wissen zum Selbstzweck wird. Man fühlt sich reif, wenn man viel weiß. Man geht von Konferenz zu Konferenz und häuft weiteres

---

2 Anmerkung des Übersetzers: Der Begriff "soaking" (dt: eintauchen, aufsaugen) beschreibt im christlichen Sinn das Stillwerden und Hören im Geist, indem man sich ganz in Gottes Gegenwart hingibt und diese "aufsaugt".

Wissen an. Die Bibel macht aber deutlich, dass das, was man weiß, aktiv praktiziert und geübt werden muss. Dies definiert Reife. Das ist „Fleisch". Jesus sagte: „Meine Speise (engl. Übersetzung: meat = Fleisch) ist es, den Willen meines Vaters zu tun (Joh. 4,34). Anders ausgedrückt: Die Milch des Wortes ist einfach nur Information, während das Fleisch des Wortes bedeutet, dass man das, was man vom Himmel empfängt, auf Erden umsetzt.

Reife geht auch mit Verantwortung und Partnerschaft in den Werken des Vaters einher. Als er gefragt wurde, wie Er Seine Werke tat, wies Jesus auf den Gebrauch der geistlichen Sinne hin, indem Er tat, was Er den Vater tun sah (Joh. 5,19). Jesus zeigte uns, dass es kein Selbstzweck ist, geschärfte Sinne zu haben, um mit dem Vater verbunden zu sein. Es dient auch dem Erreichen der Ziele des Reiches Gottes während wir hier sind. Das ist der Aspekt der Verantwortung in unserer Beziehung mit Jesus.

Die fünf geistlichen Sinne

Geistliches Sehen

Geistliches Sehen ist einer der fünf geistlichen Sinne. Es ist die Fähigkeit Bilder des Herrn zu sehen. Diese werden oft Visionen genannt. Es sind mentale Bilder, die von Gott inspiriert sind. Der Bildschirm ist nicht böse, nur der Film, den du darauf projizierst, kann böse sein. Einige Christen verschließen den inneren Bildschirm aus Angst vor „eingebildeten Fantasien". Aber Gott kann unseren Bildschirm füllen mit Seinen Bildern, während wir uns Ihm hingeben. Er schuf diesen mentalen Bildschirm, um Seine Gedanken und Bilder zu offenbaren.

Visionen kommen auf verschiedene Arten und Weisen. Einige Menschen empfangen flüchtige mentale Bilder, die blitzartig kommen. Andere sehen klare mentale Visionen und wieder andere haben offene Visionen oder äußere Visionen, wo sie Dinge so klar sehen können, wie sie es mit ihrer natürlichen Sicht tun. Dies kann man auch Trance nennen.

Trancen, etwas ganz Reales

Vielleicht fragst du, ob „Trance" nicht ein New Age – oder okkulter Begriff ist. Tatsache ist aber, dass Trancen in der Bibel erwähnt werden. Der Feind kopiert aber das Echte, wodurch der Begriff „Fälschung" mit ins Spiel kommt. Visionen, Zungenreden und all die Manifestationen und Gaben Gottes sind vom Feind gefälscht worden. Daher bewegen sich viele Christen weder in all dem, was Gott hat, noch lassen sie es zu, weil sie Angst vor Täuschung oder vor gefälschten Manifestationen haben. Alles, was sie jedoch brauchen, ist geistliche Unterscheidung, um zu erkennen, was wahr und was falsch ist, worüber wir später reden werden. Sie verpassen so viele Segnungen von Gott, weil sie ihr Leben auf der Grundlage von Angst führen.

Stellen wir uns mal eine Hundertdollarnote vor. Eine gefälschte Hundertdollarnote kann hergestellt werden. Trotzdem hören wir nicht auf, die echten Scheine zu benutzen. Ein gefälschter Geldschein verneint nicht den Wert der echten Hundertdollarnote. Überlege mal, was man damit kaufen kann. Und stell dir mal vor, auf was wir zugreifen können, indem wir unsere geistlichen Sinne, wie Sicht und Vision, aktivieren.

Apostelgeschichte 11,5 erwähnt gleichzeitig Trancen und

Visionen: „Ich war in der Stadt Joppe und betete; da hatte ich in einer Verzückung eine Vision: Eine Schale, die aussah wie ein großes Leinentuch, das an den vier Ecken gehalten wurde, senkte sich aus dem Himmel bis zu mir herab" (Einheitsübersetzung). Gott führte ihn in eine Trance und Vision, um klar zu ihm zu reden.

„Während Petrus noch über die Vision nachdachte, sagte der Geist zu ihm: Da sind drei Männer und suchen dich" (Apg. 10,19).

Das Ergebnis dieser offenen Vision oder Trance war, dass er bereit war, mit diesen Männern zum Haus des Cornelius zu gehen, um zum ersten Mal den Heiden das Evangelium zu predigen. Vorher war das Evangelium nur den Juden verkündet worden. Gott musste ausreichend auf den Verstand von Petrus einwirken, um ihn von Seinem neuen Auftrag zu überzeugen, zu anderen Menschengruppen zu predigen. Deshalb zeigte Er ihm eine klare offene Vision in der Form einer Trance und zwar drei Mal!

Wir erfahren heutzutage von Menschen, die offene Visionen haben. Eine befreundete Pastorin in Peru wurde im Heiligen Geist getauft. Sie sprach in Zungen und konnte ihre eigene Sprache fünfzehn Tage lang nicht mehr sprechen. Sie hatte Erlebnisse, wie sie im Geist in den Himmel hochgezogen wurde und als sie zurückkam, begann sie Schriftzeichen auf der Brust von Menschen zu sehen. Sie ging dann hin zu den Leuten und nannte Geheimnisse aus deren Leben. Viele erfuhren die Wiedergeburt auf der Straße, nachdem sie Geheimnisse aus deren Leben genannt und ihren Bedürfnissen gedient hatte. Oft wurde Sünde aufgedeckt und Menschen taten Buße.

Lass mich dir Visionen und Offenbarungen erklären, die

Korrektur und Buße bringen. Der prophetische Dienst einer Gemeinde sollte trösten, aufbauen und ermahnen. In 1. Korinther 14 bezieht sich die Schrift auf das, was in einer öffentlichen Versammlung geschieht. Normalerweise gibt es in Gemeindeversammlungen keine korrigierende Prophetie. Es gibt aber den Dienst des Propheten, der wirklich korrigierend sein kann und Sünde konfrontiert. Dies ist normalerweise eine verdiente und respektierte Stellung, um Heilung zum Volk Gottes zu bringen. Ich denke, dass es das war, was Gott durch diese befreundete Pastorin in Peru tat.

Ein junger Pastor, der zu Besuch war, kam in eine der Versammlungen in Peru, in denen auch diese Pastorin zugegen war. Sie schaute zu ihm hinüber und sah ein Zeichen auf seiner Brust, das Ehebruch bedeutete. Zusammen mit ihrem Ehemann ging sie zu ihm, um ihm persönlich zu sagen: „Sie leben in Ehebruch, nicht wahr?" Er wurde wütend und antwortete: „Wie können Sie so etwas sagen?" Er stritt alles ab. Sie sagte: „Nun ja, ich sehe es auf Ihrer Brust geschrieben. Ich werde Gott also fragen, mit wem Sie zusammen waren." So ging sie nach Hause und betete und der Herr gab ihr den Namen der Frau und es traf sich, dass es jemand war, die sie kannte. Sie gingen also zu ihr, konfrontierten sie, sie brach zusammen und bekannte alles. Danach gingen sie zum Pastor, konfrontierten ihn und auch er bekannte es. Sie waren nun in der Lage, Sünde in ihrer Gemeinde zu konfrontieren und diese auch loszuwerden, eben genau da, wo der Feind versuchte, sie zu zerstören. Diese Gabe bringt Heilung, Wiederherstellung und Reinigung.

So gibt es äußere Visionen, wo Menschen offene Visionen mit ihren natürlichen Augen sehen. Es gibt innere Visionen oder mentale Bilder, es gibt Träume, Trancen, Engelserscheinungen und Erscheinungen des Herrn selbst. Ich habe ein paarmal in halb wachem, halb schlafenden Zustand erlebt, wie der Herr mir in Visionen erschien und mir ganze Predigten weitergab. Sonntagsmorgens predigte ich dann diese Botschaften. Durch geistliches Sehen können wir sehen, was Er tut und was Er uns zeigt.

Andere sehen, wie Gott sie sieht

Eine andere Art von geistlicher Sicht ist die Fähigkeit andere mit den Augen des Glaubens zu sehen. Gott will unsere Augen öffnen, um auf Seine Art die Dinge zu sehen. Die Stellung zu sehen, die wir in Christus haben, das Potential, das wir in Ihm haben, und die Kraft, die freigesetzt wird, wenn wir Seinen Anweisungen folgen.

In 1. Samuel 16,7 heißt es: „Aber der HERR sprach zu Samuel: Sieh nicht auf sein Aussehen und auf seinen hohen Wuchs! Denn ich habe ihn verworfen. Denn der HERR sieht nicht auf das, worauf der Mensch sieht. Denn der Mensch sieht auf das, was vor Augen ist, aber der HERR sieht auf das Herz." Mit unseren natürlichen Augen können wir jemanden anschauen, dem es von außen betrachtet gut zu gehen scheint, aber durch das geistliche Sehen kann Gott uns einen tiefen Mangel im Leben dieser Person offenbaren. Der Heilige Geist verbindet uns mit dem Himmel, um uns die Erkenntnis zu geben und eine Antwort auf ihren Mangel. Er gibt uns dann einen kurzen Blick auf ihr Potential in Christus. Durch geistliche Sicht können wir an ihren Nöten vorbei und dann ihre wahre Bestimmung sehen.

Barnabas konnte jenseits von Saulus dem Pharisäer, der Christen ermordet hatte, Paulus, den Apostel des Herrn sehen. Barnabas wurde von Gott gebraucht, um Türen des Dienstes für Paulus zu öffnen, als jeder andere Angst hatte, mit ihm nach seiner Bekehrung zusammenzukommen. Andere sahen nur Saulus den Christenverfolger, Barnabas jedoch sah im Geist den Ruf Gottes auf dessen Leben. Er sah an „Saulus dem Mörder" vorbei und sah „Paulus den Mann Gottes". Vielleicht bedeutet deshalb der Name Barnabas „Sohn der Ermutigung". Er gab Paulus Mut für seine Berufung!

Gott sucht Menschen mit einer „Barnabas-Sicht", die an den Fehlern in anderen vorbei das Potential Gottes in deren Leben sehen können. Er sucht nach einem Volk, das die Bestimmung von Menschen durch Ermutigung hervorlockt.

Paulus wurde ein großer Apostel des Herrn. Das Wort sagt über ihn, dass er in den Himmel entrückt wurde und Geheimnisse von Gott sah und hörte. Er hatte Offenbarungen von seiner Stellung in Christus, nicht durch den menschlichen, religiösen Eifer, den er als Pharisäer hatte, sondern durch die Kraft des Geistes, die in seinem Dienst freigesetzt wurde.

GEISTLICHES HÖREN

Geistliches Hören ist ein weiterer geistlicher Sinn. Es ist die Fähigkeit, Informationen oder Anweisungen vom Herrn mit geistlichen Ohren zu hören. „Meine Schafe hören meine Stimme" (Joh. 10,27).

Die Bibel sagt in Markus 4,23: „Wenn jemand Ohren hat zu hören, der höre!" Er möchte unsere geistlichen Sinne erwecken, um die Angelegenheiten des Königreiches zu kennen. Um Dinge von Gott zu wissen und Dinge für Menschen zu erkennen.

Geistliches Hören kann auf verschiedene Art und Weise erfolgen. Es kann ein inspirierter Gedanke sein. Es kann durch

Gottes hörbare Stimme geschehen. Es kann durch eine innerlich wahrnehmbare Stimme kommen, deren Botschaft laut und klar in dir ist. Es kann durch die Stimme eines anderen geschehen, durch die dein Geist etwas empfängt. Wenn du still wirst und deine Aufmerksamkeit auf den Herrn richtest, kannst du hineinkommen in einen spontanen Fluss von Gedanken, die dir helfen von Ihm zu hören.

Die Botschaften, die du hörst, entspringen einer von drei möglichen Quellen. Sie können aus deinen eigenen Gedanken kommen. Sie können vom Feind kommen. Oder sie können vom Herrn kommen. (Das gilt auch für Träume und jede andere Art von Botschaft, die deinen Verstand erreicht.) Die Fähigkeit die Quelle des Gehörten zu erkennen, kommt durch die Frucht des Geistes, sowohl unmittelbar als auch langfristig.

Galater 5,22 redet über die Frucht des Geistes. Halte einen Moment inne und stelle dir Früchte vor, die an einem Baum wachsen und betrachte den Vers in diesem Sinn. Was der Geist hervorbringt, ist Liebe, Freude, Frieden, Glauben und Selbstkontrolle, usw. Wenn dir jemand eine Botschaft gibt, von der sie glauben, dass sie von Gott ist, dann sollte sie diese Qualitäten hervorbringen. So können wir die Quelle unterscheiden. Selbst wenn es ein unangenehmes Wort ist, ist es wahrscheinlich von Gott, wenn es gute Frucht hervorbringt.

Eines Morgens war meine Frau dabei, in ihr Gebetstagebuch zu schreiben, während sie mit Gott redete. Plötzlich kam ihr ein flüchtiger inspirierter Gedanke: „Jemand in deiner Familie wird heute einen Autounfall haben." Die Botschaft war begleitet von Frieden, daher wusste sie, dass sie von Gott war. Sie wusste auch, dass ein scheinbar negatives Wort nicht unbedingt als gegeben hingenommen werden muss. Oft gibt uns der Herr Informationen, damit wir sogar dagegen oder um Schutz oder das genaue Gegenteil beten. So betete sie um Schutz für jeden und dass das Blut Jesu jeden bedecke.

Abends kam unsere Tochter Tracie spät von der Universität nach Hause. „Mama, du glaubst nicht, was passiert ist. Ich hatte heute einen Unfall mit Totalschaden", sagte sie verlegen. „Und wie geht es dir? Bist du verletzt?", fragte Lynnie. „Nein, es ist ganz seltsam. Ich habe nicht die geringste Schramme am Körper!", rief Tracie. Gott hatte sie vor Schaden während des Unfalls bewahrt. (Später dachte Lynnie, dass sie vielleicht auch für den Schutz des Autos hätte beten sollen.) Gott hatte an diesem Morgen einen inspirierten Gedanken benutzt, um ihr Gebet an diesem Morgen zu lenken, was bewirkte, dass unsere Tochter durch ein Wunder bewahrt wurde.

Das geistliche Gehör ist ein Sinn durch den uns Zugang gewährt wird. Adam und Eva verloren ihr geistliches Sehen im Garten Eden, behielten aber geistliches Hören. Als sie sündigten, veränderte sich offensichtlich ihr Sehen. Die Schrift sagt, dass ihnen neue Augen geöffnet wurden, als sie vom Baum der Erkenntnis von Gut und Böse aßen, und was sie vorher nicht gesehen hatten, sahen sie nun (Scham, Schuld, Anklage und natürliche Weisheit). Und was sie vorher gesehen hatten, konnten sie jetzt nicht mehr sehen. Zuvor hatten sie Gott gesehen, waren mit Ihm im Garten gewandelt und hatten mit Ihm geredet. Aber nachdem sie gesündigt hatten, sahen sie Gott nicht durch den Garten gehen. Sie hörten Ihn nur. Das heißt, dass sie selbst, nachdem sie in Sünde gefallen waren, immer noch Seine Stimme hören konnten. Das ist wichtig. Gott ließ den Zugang zu Ihm durch das Hören für uns offen.

Der Apostel Paulus spricht darüber, die Verlorenen durch

die Torheit der Predigt zu gewinnen. Predigen ist so wichtig für die Verlorenen, weil es diesen offenen Zugang im geistlichen Hören benutzt. Selbst die Nichtgläubigen, Nichtwiedergeborenen können die Stimme Gottes hören (obwohl es sicherlich entwicklungsbedürftig ist).

Lazarus hörte die Stimme Jesu, obwohl er tot im Grab lag. Ich glaube, das trifft genauso für Menschen zu, die tot und verloren in Sünde sind, jedoch die Stimme des Herrn hören können, wenn Er sie ruft. Deshalb ist es so wichtig, das Evangelium zu predigen. Während du das Wort Gottes ausspricht, sprichst du Leben in ihren Geist. Sie können es empfangen und dann den Herrn kennenlernen. Dann können all ihre anderen geistlichen Sinne angeregt und geschärft werden.

Es ist nicht vorgesehen, dass wir nur ein bisschen hören, sondern wir sollen viel hören. Wir sollen Gottes leisestes Flüstern hören. Wir sollen zerbrochen werden können durch das Flüstern des Herrn. Wir sollen uns formen und bewegen lassen durch Sein Flüstern. Die Schrift sagt in Jesaja 30,21: „…werden deine Ohren ein Wort hinter dir her hören: Dies ist der Weg, den geht!"

Wir haben das Beispiel Elias, der in eine Höhle floh, als er den Wind, das Feuer und das Erdbeben erlebte und doch war Gott in keinem von diesen. Aber die kleine, leise Stimme des Herrn kam und sprach zu ihm.

Gott möchte uns durch diese kleine, leise Stimme leiten. Sie ist nicht unbedingt begleitet von donnernden Erdbeben, Wind und Feuer. Diese können Demonstrationen der Kraft Gottes sein, wonach ich aber immer suche, ist die anhaltende, kleine, leise Stimme des Herrn, die Verständnis, Korrektur und Richtung in mein Leben bringt.

Die Geistlichen Sinne

Ich glaube, dass du im Herzen hörst, wenn du im Geist hörst. Wie viele Male sagte Jesus: „Wer Ohren hat, der höre"? Hast du jemals darüber nachgedacht? Hat nicht jeder Ohren? Ja, natürlich, aber wozu Er uns hier auffordert, ist im Geist zu hören. Ich glaube, Er weckt prophetisch geistliche Ohren. Er ruft uns im Geist zu hören. Der menschliche Verstand, sein Wille und seine Gefühle sind von Gott geschaffen für die Kommunikation mit Ihm. Wir empfangen von Gott die Fähigkeit im Geist zu hören. Seine Schafe hören Seine Stimme (Joh. 10,27). Unsere ganze Beziehung mit Ihm baut auf dieser Fähigkeit auf, Ihn zu hören.

Einmal fragte ich den Herrn, warum Er Seine akustisch hörbare Stimme gebrauchte, um zu manchen Menschen zu reden, warum ich sie aber nie gehört hatte. Er antwortete mir, dass Seine hörbare Stimme normalerweise nur für die Leute sein, die geistlich taub sind. Schau dir das Beispiel vom Apostel Paulus an. Er war kein geistlicher Riese, als er das „Straße nach Damaskus-Erlebnis" hatte. Er war geistlich taub und verfolgte die Gemeinde, hörte aber dann die akustisch vernehmbare Stimme des Herrn. Dies geschah, weil Gott ihn unbedingt erreichen und hineinziehen wollte. Zu diesem Zeitpunkt wurde er erfasst und vom Herrn gefangengenommen.

Ich glaube, dass Mose das gleiche geschah. Mose war eigentlich nicht dabei Gott zu suchen. Er war wahrscheinlich eher dabei von Gott wegzulaufen, bis der brennende Busch seine Aufmerksamkeit auf sich zog. Gott sprach zu ihm akustisch vernehmbar, wie es so hervorragend im Spielfilm „Die zehn Gebote" mit Charlton Heston in der Hauptrolle, dargestellt wurde. Aber was war Moses Antwort? „Ich doch nicht! Kannst du nicht jemand anderen finden?" Ich denke, das zeigt, dass Mose kein geistlicher Riese war, als Gott ihn rief. Er wurde zum geistlichen Riesen, als er lernte die kleine, leise Stimme zu erkennen, die ihn sein ganzes Leben lang leiten sollte. Manchmal ruft Gott laut, einfach um Menschen aufzuwecken und hineinzuziehen. Gott ist souverän und kann jederzeit zu jedem akustisch wahrnehmbar sprechen, aber meistens will Er in unserem Inneren sprechen. Er will Seine kleine, leise Stimme zu unseren Herzen reden lassen.

Ich fragte den Herrn, warum Seine Stimme zu hören so sehr dem Hören der eigenen Gedanken ähnelt. Er antwortete mir: „Ich schuf den Menschen mit den Fähigkeiten zu denken und wahrzunehmen, im Inneren zu sehen und hören als ein Weg der Kommunikation." Gottes Herz will mit uns jederzeit kommunizieren. Wie wäre es, wenn wir alle die akustische Stimme hören müssten? Wir würden sagen: „Wen meinst du? Mich? Sie?" Es könnte ziemlich laut werden. Es wäre eine lärmende Welt, weil Gott mit jedem von uns gleichzeitig reden möchte.

In Psalm 81 steht: „Höre, mein Volk; lass dich warnen, Israel! Wenn du doch auf mich hören würdest!"(Hoffnung für alle). Gott sehnt sich danach, dass wir Ihn hören. Wir sind nach Seinem Ebenbild erschaffen, um Gemeinschaft mit Ihm zu haben. In Jesaja 32,3 heißt es: „Da werden die Augen der Sehenden nicht mehr verklebt sein, und die Ohren der Hörenden werden aufmerksam sein." Der Heilige Geist wurde gesandt, uns die Stimme Gottes offenbar zu machen (Joh. 16,13).

Sobald du gelernt hast zu hören, musst du dranbleiben und lauschen. Wusstest du, dass du die Fähigkeit zu hören verlieren kannst? In Hebräer 5,11 steht: „...weil ihr im Hören träge geworden seid." Genauso wie Bewegungsmangel zu Muskelschwäche führt, wird dein Hören im Geist weniger, wenn du es nicht trainierst. Wir müssen unsere geistlichen Ohren auf die Stimme Gottes einstimmen und nicht auf andere Ablenkungen.

Es gibt Wege, wie du in deiner Fähigkeit zu hören und in

deinem Maß, wie viel du hörst, wachsen kannst. In Markus 4,24 steht: „Und er sprach zu ihnen: Achtet auf das, was ihr hört! Mit demselben Maß, mit dem ihr [anderen] zumesst, wird auch euch zugemessen werden, und es wird euch, die ihr hört, noch hinzugelegt werden." (Schlachter). Bisher haben wir das immer auf finanzielles Geben bezogen, was wohl richtig sein kann, wobei es hier eigentlich ums Hören geht. „…und es wird euch, die ihr hört, noch hinzugelegt werden."

Der Herr trainiert unser Hören während wir uns Ihm hingeben. In Jesaja 50,4 heißt es: „Er weckt mich, ja Morgen für Morgen weckt er mir das Ohr, damit ich höre, wie Jünger hören." In Vers fünf steht: „Der Herr, HERR, hat mir das Ohr geöffnet, und ich, ich bin nicht widerspenstig gewesen, bin nicht zurückgewichen." Wir müssen unsere eigenen Gedanken zur Ruhe bringen und Seine empfangen.

DER GEISTLICHE GESCHMACKS- UND GERUCHSSINN

Eines Tages fragte ich den Herrn, was der geistliche Geschmackssinn ist. Geistliches Sehen und Hören waren mir klar, aber was hatte es mit dem Geschmackssinn auf sich? Der Herr begann zu meinem Herzen zu sprechen, indem er sagte: „Als ich die Menschheit schuf, setzte ich die Nase über den Mund, damit alles auf dem Weg in den Mund vorher an Unterscheidung vorbei muss. Dein geistlicher Geruchssinn bedeutet geistliche Unterscheidung."

Beim geistlichen Geschmacks- und Geruchssinn geht es um die Unterscheidung zwischen Gut und Böse. In Heb. 5,14 steht: „…die feste Speise aber ist für Erwachsene, die infolge der Gewöhnung geübte Sinne haben zur Unterscheidung des Guten wie auch des Bösen." Unterscheidung hält uns in der Spur. Sie bewahrt uns vor Täuschung. Unsere geistliche Nase weiß Bescheid!

Geschmack geht Hand in Hand mit Geruch, denn du riechst die Nahrung auf dem Weg in deinen Mund. Der Geruch des Essens macht Appetit und regt sogar die Abgabe von Verdauungsflüssigkeiten an. Im Geist erkennen wir, dass etwas gut ist und wir schmecken dieses Gute. Wir werden hungrig nach den Dingen Gottes. In Psalm 34,9 heißt es: „Schmecket und sehet, dass der HERR gütig ist! Glücklich der Mann, der sich bei ihm birgt!" In Psalm 119,103 steht: „Wie süß sind meinem Gaumen deine Worte, mehr als Honig meinem Mund!"

Als Jesus Petrus zurechtwies, ging es um seinen Mangel an Unterscheidung im Geist. Petrus bewegte sich in menschlichen Emotionen und Gedanken, die mit Satan übereinstimmten. Deswegen musste Jesus Petrus zurechtweisen, als ob Satan gesprochen hätte. In Matthäus 16,23 heißt es: „Er aber wandte sich um und sprach zu Petrus: Geh hinter mich, Satan! Du bist mir ein Ärgernis, denn du sinnst nicht auf das, was Gottes, sondern auf das, was der Menschen ist." Er erkannte und schmeckte nicht den Plan Gottes, sondern den menschlicher natürlicher Weisheit. Er hielt es für keine gute Idee, dass Jesus am Kreuz im Natürlichen sterben sollte, aber im Geist war es das Mittel zur Errettung für die ganze Welt. Später, als Petrus mit dem Heiligen Geist erfüllt war, verstand er das und predigte seine erste Botschaft der Errettung, die 3.000 Menschen zu Jesus führte.

Wenn wir Zeit mit dem Herrn verbringen, beginnen wir seinen Duft aufzunehmen und ihn zu verbreiten, wo immer wir hingehen. In 2. Kor. 2,14 steht: „Gott aber sei Dank, der uns allezeit im Triumphzug umherführt in Christus und den Geruch seiner Erkenntnis an jedem Ort durch uns offenbart!"

In Eph. 5,2 heißt es: „Und wandelt in Liebe, wie auch der Christus uns geliebt und sich selbst für uns hingegeben hat als Opfergabe und Schlachtopfer, Gott zu einem duftenden Wohlgeruch!" Das Opfer Jesu war Gott ein Wohlgeruch.

Im Alten Testament, in 2. und 3. Mose, geht es um die wohlriechenden Opfer für Gott. Diese waren natürliche Brandopfer. Im Neuen Testament wurde Jesus zum vollkommenen Opfer, um für alle Sünde zu bezahlen, und jetzt verbrennen wir kein Fleisch mehr. Genauso, wie Jesus Seinen Körper am Kreuz opferte, können wir unsere Körper als lebendige Opfer hingeben, so wie es in Röm. 12,1 gesagt wird. Den Duft eines hingegebenen Lebens empfinden nicht nur Mitmenschen als Wohlgeruch, sondern auch Gott selbst.

DAS WOHLRIECHENDE OPFER

Wir können Dinge tun, die ein Wohlgeruch sind für Gott. Gerüche können entweder anziehend oder abstoßend auf Menschen wirken. Haltungen und Handlungen sind alle umgeben von einem geistlichen Aroma. Im 3. Buch Mose heißt es, dass die erbrachten Opfer ein duftender Wohlgeruch für den Herrn waren. Genauso können wir Opfer mit wohlriechendem Aroma bringen.

Ein Opfer, das wir darbringen können, ist das Opfer der Liebe. Wenn wir Gott lieben, Seine Liebe aufsaugen und anderen weitergeben, wird das ein wohlriechendes Opfer für Gott. Wir sind dazu berufen, Träger des Duftes Seiner Liebe für die Welt zu sein.

Wir bringen das Opfer des Gehorsams dar, indem wir der Führung Gottes für unser Leben gehorsam sind. Das von Ihm inspirierte Wort oder Initiativen des Himmels können Anweisungen für eine aktuelle Situation geben. Wenn wir Seinen Willen auf Erden umsetzen, wird das ein Wohlgeruch für den Herrn sein, da wir unseren eigenen Willen für Seinen Willen opfern.

Das Opfer der Buße ist der Beweis für ein zerbrochenes und reuevolles Herz und ist der Duft, der die Gegenwart des Herrn anzieht. In Psalm 51,19 steht: „Die Opfer Gottes sind ein zerbrochener Geist; ein zerbrochenes und zerschlagenes (reuevolles) Herz wirst Du, Gott, nicht verachten." Wenn wir unser Herz von Gott zerbrechen lassen, wird Er uns in noch größere Segnungen in Ihm hineinführen.

Die Frau, die Jesu Füße mit Öl salbte (Lukas 7,38), füllte den Raum mit dem Duft des Öls und salbte außerdem Seine Füße mit ihren Tränen aus reuevoller Gebrochenheit und Buße vor dem Herrn. Das war der Wohlgeruch, der Sein Herz berührte und Jesus sagte: „Deine Sünden sind dir vergeben."

Sobald wir ein Gebet in Gemeinschaft mit Ihm als Opfer darbringen, steigt dieses Gebet wie Weihrauch vor den Herrn. In Offenbarung 5,8 steht: „...sie hatten ein jeder eine Harfe und goldene Schalen voller Räucherwerk; das sind die Gebete der Heiligen." Der Herr sehnt sich danach, dass wir Gemeinschaft mit Ihm haben. Indem wir Ihm unsere *Chronos* (chronologische) Zeit geben, wird Er uns Seine *Kairos* Zeit (den richtigen Moment, den Zeitpunkt der Erfrischung) geben. Wenn wir Ihm unsere tägliche Zeit geben, wird Er uns in Zeiten führen, in denen wir Ihm begegnen und Durchbrüche erleben. In Apostelgeschichte 10 sind die Gebete von Cornelius vor den Herrn gekommen. Der Herr antwortete, indem Er in der Kraft des Heiligen Geistes in den Haushalt des Heiden hineinkam.

Ein weiteres Opfer, das wir dem Herrn darbringen können, ist das Lobpreisopfer. In Hebräer 13,15 heißt es: „Durch Ihn nun lasst uns Gott stets ein Opfer des Lobes darbringen! Das ist: Frucht der Lippen, die seinen Namen bekennen." Wenn wir Ihn preisen, wird Kraft freigesetzt, um gewaltige Siege zu erzielen.

Wenn wir unseren Dienst dem Herrn opfern, wird auch das ein wohlgefälliges Opfer für Ihn. In Apostelgeschichte 6 und 8 waren Stephanus und Philippus treue Dekane, die damit dienten, dass sie Essen an Witwen, usw. verteilten. Die Kraft des Herrn kam auf sie und sie bewegten sich in Zeichen und Wundern, obwohl sie treu auf natürliche Weisen dienten. Gott belohnt immer treue Dienste. Eigentlich habe ich von keiner anderen Weise gehört, wie man zu dem lebendigen Opfer werden kann, wie in Römer 12,1-2 beschrieben, als ein Leben zu leben, indem wir Ihm dienen und Seinen Willen tun (Initiativen des Himmels).

Der Herr krönt uns mit Herrlichkeit, wenn wir Ihm dienen, doch wir werfen diese Kronen wieder vor Ihm nieder, wie es in Offenbarung 4,10 heißt, um Ihm alle Ehre zu geben. Wir sind nicht durch gute Werke gerettet, sondern zu den guten Werken, die Er für uns vorbereitet hat (Epheser 2,10).

Das Opfer eines großzügigen Herzens steigt als ein duftendes Räucherwerk vor den Herrn. In Philipper 4,18 steht: „Ich habe aber alles erhalten und habe Überfluss, ich habe die Fülle, da ich von Epaphroditus das von euch Gesandte empfangen habe, einen duftenden Wohlgeruch, ein angenehmes Opfer, Gott wohlgefällig."

Apostelgeschichte 10 spricht von Cornelius, dessen Gebete und Opfer zum Gedächtnis vor Gott aufgestiegen waren und Er antwortete, indem Er seinen ganzen Haushalt errettete. Die Segnungen des Herrn werden vom Geben angezogen. Wenn jemand in den Himmel und in die Verbreitung des Reiches Gottes säht, werden ihm Segen folgen und ihn überschütten.

All diese Opfer sind wohlriechend für Gott und ziehen Seine manifeste Gegenwart an. Genau wie Gott von Wohlgerüchen angezogen wird, so sollten wir es auch, indem wir kontinuierlich die Düfte des Himmels begehren. Wenn Leute auf einer Müllhalde leben, gewöhnen sie sich an die faulen Gerüche und nehmen diese auch gar nicht mehr wahr.

Wir haben schon einigen sehr armen Menschen in Mexiko gedient, die auf einer Müllhalde lebten und überlebten, indem sie im Müll nach Essbarem wühlten. Als wir dort hinkamen, um zu dienen, brauchten wir Menthol für unsere Nasen, damit wir den Gestank aushielten. Nachdem die Menschen dort aber jeden Tag lebten, waren so daran gewöhnt, dass sie den Gestank überhaupt nicht mehr bemerkten.

Wir müssen uns des Dufts des Himmels so bewusst sein, dass, wenn er einmal nicht da ist, wir ihn vermissen und uns danach sehnen, zu ihm zurückzukommen. Wir können uns an den Schmutz und Geruch um uns herum gewöhnen und müssen es uns deswegen zur Gewohnheit machen, immer mal wieder ein geistliches Bad zu nehmen. Oftmals wenn ich im Natürlichen duschen gehe, bitte ich Gott, dass er mich gleichzeitig auch geistlich von dem Schmutz reinigt, dem ich in der Umgebung in der ich hier in Las Vegas lebe, ausgesetzt bin. Das mache ich, damit ich den Duft des Himmels mit mir herumtrage, wo auch immer ich hingehe, um damit die Menschen zu Jesus zu locken.

Wenn du dir des Dufts des Himmels bewusst bist, wirst du dich niemals mehr mit weniger zufrieden geben. Dein geistlicher Geruchssinn wird merken, wenn etwas nicht stimmt. Du wirst fähig sein, die Wahrheit klar von der Lüge zu unterscheiden.

Gutes von Bösem unterscheiden

Dein geistlicher Geruchssinn ist ein wichtiger Teil deiner Fähigkeit Gutes von Bösem zu unterscheiden (Erinnere dich an Hebräer 5,14). Es gibt drei Hauptschlüssel, um zwischen Gut und Böse, Richtig und Falsch, oder Wahrheit und Irrtum zu unterscheiden. Eine Möglichkeit das Richtige zu erkennen, ist es mit dem Wort Gottes zu prüfen. Nichts, was im Gegensatz zum Wort Gottes steht, sollte toleriert werden. Wenn du zum Beispiel dazu aufgefordert wirst zu lügen, zu betrügen oder etwas anderes, was in der Schrift untersagt wird, zu tun, kannst du diese Aufforderung verwerfen, da sie gegen das Wort Gottes geht, welches Ehrlichkeit, Liebe, Vergebung und Heiligkeit lehrt.

Der nächste Schlüssel, um die Wahrheit zu erkennen, ist die Tatsache, dass nichts, was zum Wort Gottes hinzufügt wird, verbindlich sein kann. Wenn du aufgefordert wirst, etwas zu tun, was nicht klar aus dem Wort Gottes hervorgeht, bist du nicht verpflichtet, es zu empfangen oder zu tun. Wenn zum Beispiel jemand behauptet von Gott gehört zu haben, dass du deine Haare blau färben solltest, kannst du es ignorieren, da es kein Gebot der Bibel ist. Diese Entscheidung liegt bei dir. Magst du blaue Haare? Die Bibel sagt nichts über Haarfarbe, also sollte es weder gefordert noch verboten sein.

Ein weiterer Schlüssel und eine Sicherheit in der Unterscheidung kommt durch ein Zeugnis von anderen. 1. Korinther 14,29 sagt, dass wenn jemand prophezeit, die anderen, die dabei sind, es beurteilen können. Im 2. Korinther 13,1 steht: „Durch zweier oder dreier Zeugen Mund wird jede Sache festgestellt werden." Du kannst prophetische Worte mit Leuten, die du respektierst, überprüfen. Das letzte Zeugnis ist das, was du selbst in deinem Herzen spürst, besonders wenn dir jemand ein persönliches prophetisches Wort gegeben hat. Wenn du dich darauf vorbereitest, eine große Veränderung in deinem Leben vorzunehmen, kannst du damit zu anderen, die du respektierst, gehen um zu sehen, was sie empfinden. Letztendlich wirst du aber derjenige sein, der dafür verantwortlich ist, die richtige Entscheidung zu treffen.

Wenn wir anfangen, Menschen im Leib Christi darin zu trainieren, ihren geistlichen Geruchssinn zu benutzen, wird dies zweifellos Türen öffnen, die auf eine neue Ebene von Reife im Empfangen der Manifestationen des Heiligen Geistes führen. Jeder wird dazu in der Lage sein zu prüfen und beweisen, was gerade geschieht und nur das empfangen, was gut ist. Lerne erst zu riechen, was du essen willst! Wenn es nicht gut riecht… Iss es nicht!

Wir müssen lernen 1. Thessalonicher 5,19-22 anzuwenden. Im Grunde genommen fordert uns Paulus auf, dem Heiligen Geist die Türen zu öffnen, Weissagung nicht mehr zu verbieten, zu lernen sie zu prüfen und das Gute zu behalten. Wir müssen immer daran denken, dass wir momentan nur stückweise erkennen und weissagen (1. Korinther 13). In unserem Trainingszentrum, Dunamis, in Las Vegas, Nevada, sagen wir den Leuten, dass persönliche Prophetie zu bekommen wie Fisch essen ist – man nimmt keine großen Bissen und schluckt nicht alles auf einmal hinunter. Sonst werden dir später Gräten entfernt werden müssen. Stattdessen prüfst du jeden Bissen, entfernst die Gräten und schluckst den guten Fisch hinunter. Du musst auch lernen etwas auszuspucken. Ich glaube, das ist ein gutes Zeichen geistlicher Reife, zu wissen, wie man das Schlechte ausspuckt und das Gute isst.

Vier Dinge, die man prüfen sollte

Es gibt vier Dinge, die man gemäß der Heiligen Schrift prüfen muss. Zunächst muss jeder Geist geprüft werden, wie es in 1. Johannes 4,1 heißt: „Geliebte, glaubt nicht jedem Geist, sondern prüft die Geister, ob sie aus Gott sind! Denn viele falsche Propheten sind in die Welt hinausgegangen." Du musst die Quelle (den Geist) prüfen. Wir müssen unterscheiden, ob eine Botschaft vom Herrn kommt oder nicht.

Wir müssen auch jede Botschaft prüfen. Das bedeutet den Inhalt der Botschaft zu testen. Darin eingeschlossen sind gelehrte, gepredigte, geweissagte, gesungene oder geschriebene Botschaften. Nach 1. Korinther 14,29 muss das, was jemand weissagt, von den anderen geprüft werden. Verantwortung ist wichtig. Im Alten Testament wurde ein falscher Prophet gesteinigt. Im Neuen Testament reicht es, einfach das falsche Wort oder die falsche Botschaft zu steinigen. Führt der Inhalt der Botschaft auf den geraden Weg oder ist sie irgendwie verschmutzt, verwässert oder verworren.

Auch jeder Botschafter muss geprüft werden. Du musst das Medium der Kommunikation prüfen. Was machst du mit bösen Botschaftern, die wahre Botschaften bringen? Wie in Apostelgeschichte 16,16-18 aufgezeichnet, erlebte Paulus dies tatsächlich, als er in Philippi diente. Ein Sklavenmädchen mit einem Wahrsagegeist verkündete ihn als Diener des allerhöchsten Gottes. Der Feind tut das, um das Vertrauen und die Wertschätzung von Menschen mit wenig oder keinem geistlichen Geruchssinn zu gewinnen. Welche Frucht bringt das hervor in ihrem Leben und was löst die Botschaft aus? Bringt sie Früchte des Geistes, Liebe, Freude und Frieden hervor? Fördert sie Gottähnlichkeit in anderen oder verursacht sie Chaos und Dunkelheit? Fließt sie aus dem liebenden Herzen des Vaters oder kommt sie aus falschen Herzenshaltungen? Dies muss im Geist unterschieden werden.

Schließlich musst du dich noch selbst überprüfen. 1. Korinther 11,28 sagt: „Der Mensch aber prüfe sich selbst." Achte darauf, dass du im Willen Gottes lebst, frei von Bitterkeit und anderen Haltungen, die das Herz vergiften. Suche dir einen Leiter, der dir helfen kann frei von Bindungen zu werden, damit du mit allem, was du bist, dienen kannst. Jede Motivation deines Herzens muss vom Herrn geprüft werden. Gott sehnt sich danach, dass wir aus Seiner Liebe heraus dienen. Viele Menschen sind sehr tüchtig darin alles und jeden zu prüfen, außer sich selbst. Sie sollten sich aber auch selbst einer beständigen Prüfung unterziehen, um sicherzustellen, dass sie sich im richtigen Geist bewegen. Selbst im Natürlichen prüfen Menschen ständig ihren eigenen Geruch, um vor ihren Mitmenschen nicht anstößig zu sein; wie viel mehr sollten wir uns um unsere geistlichen Nasen kümmern.

Viele Kirchen lehnen die Gaben und Manifestationen des Heiligen Geistes ab, weil sie den Menschen nie beigebracht haben, wie man einen scharfen geistlichen Geruchssinn entwickelt. Sie haben Menschen nicht gelehrt zu unterscheiden. Satan braucht nur eine Fälschung ins Spiel zu bringen und sie stellen sich gegen jedes Fließen des prophetischen Geistes oder andere Gaben, nur um auf der sicheren Seite zu stehen. So verhindern sie leider auch jede berechtigte Bewegung Gottes und beschränken sich auf einen kraftlosen Dienst. Während wir dabei sind, in die kraftvollen Zeiten der Ausgießung und der Manifestationen der Güte Gottes hineinzugehen, wird unser geistlicher Geruchssinn immer wichtiger werden.

Gruppen, die ihren Mitgliedern keine Unterscheidung und Reife lehren, reduzieren und verwässern das Evangelium. Während sie versuchen falsche Geister und falsche Manifestationen zu vermeiden, fallen sie in Irrlehre. Mit den besten Motiven, wohlgemerkt, aber Irrtum bleibt Irrtum! Sie führen verworrene Auslegungen der Schrift an, die nahzulegen scheinen, dass Wunder und der Heilige Geist nicht für heute gedacht sind. Sie möchten ihre Leute davor schützen etwas Tödliches zu essen und beschränken sich so auf eine Hungerration von altbackenem Brot und abgestandenem Wasser. Kein Wunder, dass die Menschen nicht sehr hungrig sind und nach Gottesdiensten suchen, die nicht länger als 45 Minuten dauern. Sie verpassen dabei das riesige Festessen, das Gott für uns vorbereitet hat.

CESSATATIONSLEHRE

In der Cessatationslehre geht es darum zu erklären, warum die Gaben und Manifestationen des Heiligen Geistes aufgehört haben und heute nicht mehr gültig sind. Dreh- und Angelpunkt dieser Lehre findet sich in 1. Korinther 13, 8-10.

„Die Liebe vergeht niemals; seien es aber Weissagungen, sie werden weggetan werden; seien es Sprachen, sie werden aufhören; sei es Erkenntnis, sie wird weggetan werden. Denn wir erkennen stückweise, und wir weissagen stückweise; wenn aber das Vollkommene kommt, wird das, was stückweise ist, weggetan werden."

Nach ihrer Auslegung des Verses „wenn aber das Vollkommene kommt" ist damit die Bibel gemeint. Sie sagen, dass wir jetzt einfach nur noch die Bibel brauchen. Ja, wir brauchen die Bibel, aber darum geht es nicht an dieser Stelle. Hier geht es um das Reich der Himmel, das in seiner Fülle zu uns kommt. „Dann wird nicht mehr einer seinen Nächsten oder einer seinen Bruder lehren und sagen: Erkennt den Herrn! Denn sie alle werden mich erkennen von ihrem Kleinsten bis zu ihrem Größten, spricht der Herr. (Jeremia 31,34)

Entgegen dieser Lehre zeigt uns Apostelgeschichte 1,4-8, dass die Kraft des Heiligen Geistes notwendig ist, um vollmächtige Zeugen zu werden, die die Enden der Erde erreichen. Diese Formulierung macht eine geografische Aussage, beinhaltet aber auch Chronologie. Wer von den ursprünglichen Aposteln hat in deiner Region gedient? Es gibt noch viele „Enden-der-Erde-Regionen", die du und ich durch Demonstrationen der Kraft und des Heiligen Geistes erreichen werden. Viva Las Vegas!

Dem Bedürfnis nach Sicherheit und Freiheit von Fehlern ist weit mehr gedient, indem man Menschen in geistlicher Reife lehrt und sie darin trainiert, und dies geschieht durch die Aktivierung und Entwicklung ihrer geistlichen Sinne. Und während wir so Sicherheit schaffen, bevollmächtigen wir Menschen für die Erfüllung des Missionsbefehls.

GRUNDVORAUSSETZUNGEN FÜR DIE UNTERSCHEIDUNG

Um genau unterscheiden zu können, musst du ein wiedergeborener Christ sein und eine dauerhafte, lebendige Beziehung mit deinem Herrn Jesus Christus haben.

Du solltest im Heiligen Geist getauft sein, damit du von innen her spüren kannst, was wahr ist. Dies sollte sichtbar sein durch die Manifestationen des Geistes, einschließlich der Manifestation des Zungenredens.

Deine geistlichen Sinne sollten zu einem gewissen Grade aktiviert sein, besonders dein geistliches Hören.

Du musst glauben, dass die Bibel das Wort Gottes ist. Du solltest über gute Kenntnisse über das Neue Testament verfügen und an einem Verständnis der restlichen Bibel arbeiten.

Dein Leben muss dem Willen Gottes untergeordnet sein. Gottes Wille wird in Seinem Wort deutlich und umgesetzt durch das Hören im Geist.

Du solltest in einer rechenschaftspflichtigen Beziehung mit anderen reifen Christen sein. Im Umgang miteinander kann man sich gegenseitig helfen Angriffe abzuwehren und zu unterscheiden, was richtig und was falsch ist.

Gott wünscht für Sein Volk, dass es geistlich riechen und schmecken kann, nicht nur, um zu erkennen, was falsch ist, sondern um zu „schmecken und sehen, dass der Herr gut ist". Er möchte, dass wir Seine Güte und Seinen Duft vom Himmel genießen.

DER GEISTLICHE TASTSINN

Der geistliche Tastsinn ist der größte Sinn, genau wie es auch im Natürlichen ist. In deinem gesamten natürlichen Körper gibt es Nervenzellen, die dir viele Informationen darüber geben, wo und wie du dich in deiner Umgebung befindest. Tasten gibt dir Orientierung in deiner Umgebung und lässt dich wissen, ob du aufrecht stehst oder dich anlehnst. Dies habe ich viele Male erfahren in Zeiten tiefer Anbetung oder „Baden" in seiner Gegenwart.

Ich glaube, der Hauptzweck dieses Sinnes, ist uns erkennen zu lassen, wann Gottes Gegenwart in unserem Leben da ist und wann sie fehlt. Dann beginnen wir Ihn neu zu suchen und die enge Beziehung mit Ihm zu pflegen. Wir sollten keine ausgedehnten Zeiten geistlicher Wüste hinnehmen, wo wir Seine Nähe nicht mehr spüren. Sobald wir ihre Abwesenheit wahrnehmen, sollten wir versuchen herauszufinden, was sich verändert hat. Habe ich zugelassen, dass sich ein Hindernis zwischen uns gestellt hat?

Einmal habe ich diese Art von Abwesenheit gespürt und zwar kurz nachdem ich eine Entscheidung für den Plan Gottes in meinem Leben getroffen hatte. Ich war noch ein Teenager, aber ich hatte Gottes Gegenwart kennen gelernt und sie fehlte definitiv. An einem Feiertag verbrachte ich die Zeit im Gebet und in der Gemeinschaft mit dem Herrn und ich fühlte mich so trocken. „Herr, wo bist du?", schrie ich.

Dann begann eine leise innere Stimme zu sprechen: „Du hast zugelassen, dass Spinnweben dich von mir trennen."

„Spinnweben? Was bedeutet das?", fragte ich.

„Du hast zugelassen, dass dein Bild von dem, wer du bist, zwischen uns gekommen ist", sagte Er.

Ich wusste, was Er meinte. Es war die Zeit der Hippies und ich versuchte mich mit ihnen zu identifizieren. Meine Haare und meine Kleidung definierten, wer ich war. Ich beschloss augenblicklich, dass all dies verschwinden musste, denn ich wollte nichts zwischen Jesus und mir stehen lassen. So wandte ich mich an meinen älteren Bruder Daniel und sagte: „Schneide mir die Haare!"

Er sagte: „Ich kann keine Haare schneiden." Aber er ließ sich schließlich dazu überreden.

Und wie er seine Unfähigkeit bewies! Nachdem wir versucht hatten all seine Fehler auszugleichen, hatte ich fast keine Haare mehr auf dem Kopf. Auch andere Dinge, die ich trug, mussten verschwinden. Ich war nicht länger „cool", aber ich wurde in der innigen Liebe Jesu gebadet. Es ging hier nicht um Haare oder Kleidung, sondern um den Zustand meines Herzens. Die Haare und die Kleidung waren nur in die „Schusslinie" einer leidenschaftlichen Liebe zu Jesus geraten. Ich riss das Reich der Himmel mit Gewalt an mich.

Diese Fähigkeit die Gegenwart Gottes zu spüren hat mein ganzes Leben gekennzeichnet. Sie war wie ein Kompass, der beständig nach Norden zeigt. Jeder Gläubige braucht das zur Navigation durch das Leben in einer Zeit, wo die Gesellschaft ihr Wertefundament verloren hat.

Dienen mit dem geistlichen Tastsinn

Geistlicher Tastsinn ist die Fähigkeit, den Himmel zu berühren und auch andere Menschen mit der Kraft Gottes. Es ist die Fähigkeit, die manifeste Gegenwart Gottes zu spüren und auch wahrzunehmen, was jemand von Gott braucht. Du kannst Worte der Erkenntnis empfangen, wenn du den Schmerz eines anderen Menschen fühlst.

Du kannst lernen, die Gegenwart des Herrn wahrzunehmen und was Er tun will. Oft kann ich im Geist spüren, dass Gott etwas Besonderes in einem bestimmten Moment tun will und habe so gelernt mitzufließen. Das ist der geistliche Sinn der Berührung. Du kannst körperliche Empfindungen dabei haben.

Manche spüren dabei physische Hitze auf ihren Händen. Das ist oft ein Zeichen, dass Gott durch diese Person anderen dienen will. Vielleicht will Er Heilung oder Erkenntnis bringen. Jedenfalls soll etwas damit getan werden. Solche Arten von physischen Empfindungen können durch die Berührung des Heiligen Geistes kommen.

Wenn du den Himmel berührst, kann es sein, dass der Heilige Geist dich an andere Orte trägt. Du kannst im Geist an andere Orte versetzt werden. Das sagte Paulus in Kol. 2,5 „Denn obwohl ich leiblich abwesend bin, so bin ich doch im Geist bei euch und freue mich, wenn ich eure Ordnung und euren festen Glauben an Christus sehe." Er sagte ihnen, dass er nicht körperlich, aber doch im Geist bei ihnen war. Er war nicht als natürlicher Mensch mit ihnen zusammen, sondern im Geist.

Eines Tages, als ich in meinem Gebetszelt war, wurde ich im Geist versetzt. Während ich auf Gott wartete, wurde ich im Geist hochgezogen und begann durch die Luft zu fliegen. Bald flog ich über eine Landschaft und konnte Flüsse und Berge unter mir sehen. Ich erkannte, wo ich hinflog. Ich näherte mich dem Talbecken des Huallaga-Flusses in einem Tal der Anden in Peru. Dann landete ich in der Stadt Huanuco. Ich flog geradewegs in das Haus eines unserer Pastoren dort. (Dieser Pastor hatte mich kurz vorher angerufen, um mir mitzuteilen, dass man ein Herzproblem bei ihm diagnostiziert hatte. Sein Arzt hatte ihm geraten, mit dem Dienst aufzuhören, weil er sonst sterben würde.)

Ich „flog" geradewegs ins Schlafzimmer, wo er und seine Frau schliefen. Ich legte meine Hand auf sein Herz und proklamierte Heilung über sein Herz und eine neue Begeisterung und Vision für seinen Dienst. Dann ging ich um das Bett herum zu seiner Frau. Sie war die Frau, die fünfzehn Tage kein Spanisch sprechen konnte, als sie mit dem Heiligen Geist getauft wurde. Ich legte meine Hand auf ihren Kopf und proklamierte, dass sie den Heiligen Geist neu erleben würde.

Später erzählte ich Lynnie von meiner Erfahrung und sie schlug vor, dass wir den Pastor in Peru anrufen sollten, um zu erfahren, ob sich irgendetwas getan hatte. Ein paar Tage später rief ich ihn an und fragte: „Edgar, wie geht es deinem Herz?"

Er sagte: „Weißt du, es ist ganz seltsam. Vor ein paar Tagen wachte ich morgens auf und fühlte mich richtig gut. Einfach so, von einem Tag auf den anderen, bin ich geheilt worden. Ich spüre nichts mehr, keine Probleme."

„Und, wie geht es Doris?", fragte ich.

Er sagte, dass sie ganz plötzlich wieder eine heftige Begegnung mit dem Heiligen Geist gehabt hatte. Sie sprach wieder in Zungen und konnte kein Spanisch mehr. (Das dauerte zehn Tage.)

Das war direkt nach meinem Besuch im Geist in deren Haus. Ich hatte diese Gebete über sie gesprochen und war dann in mein Zelt zurückgekehrt. Mein Körper war im Zelt geblieben, während ich im Geist ins Ausland geschickt worden war.

Ich weiß nicht, wie dieses Versetzt-werden an andere Orte funktioniert, aber ich muss es auch nicht wissen. Ich würde sagen, dass es für Gott leichter ist, meinen Geist irgendwo hinzubringen, statt dies mit meinem Körper zu tun. Es ist auch schneller als das Flugzeug nehmen zu müssen.

Wir wissen aus der Apostelgeschichte, dass Philippus körperlich irgendwohin versetzt wurde, um jemanden zu Jesus zu führen. Das ist eine andere Art von Versetzen. Es ist ein physisches und körperliches Versetzen. Wenn es im Neuen Testament vorkam, sollte es uns auch heute nicht seltsam vorkommen.

Was hat das mit dem geistlichen Tastsinn zu tun? In meiner

Erfahrung wurde ich vom Herrn berührt und war so fähig jemand anderes im Geist zu berühren. Man kann die Berührung Gottes an andere sowohl körperlich als auch im Geist weitergeben. Das sind Dinge, die Gott tut, wenn wir zu ihm kommen, Zeit mit Ihm verbringen und von Ihm berührt werden.

Gott möchte geistliche Lepra vom Leib Christi entfernen. Lepra ist eine Krankheit, bei der man den Tastsinn verliert und keine Berührung mehr spüren kann. Diese Kranken können daher weder angenehme Berührung fühlen noch Schmerz bei Verletzungen. Dieser Mangel an körperlichem Gefühl ist die Ursache für Schaden am Körper. Gott möchte aber den geistlichen Tastsinn des Leibes Christi wiederherstellen.

Geistlicher Tastsinn kann wirksam werden in einem Gefühl von Hitze oder Elektrizität, in einem Gefühl von Frieden oder in einem Strom der Heilung. Gott möchte unseren geistlichen Tastsinn aktivieren, damit wir von Ihm empfangen und Seine Berührung an andere weitergeben können.

5

WAS UNSERE GEISTLICHEN SINNE BLOCKIERT

Es ist Gottes Wunsch, dass wir die geistlichen Sinne effektiv benutzen, und dass wir von den Blockaden befreit werden, die uns davon abhalten, die Initiativen des Himmels zu empfangen.

Wenn du beständig hinderliche Dinge vermeidest und gleichzeitig die Dinge tust, welche deine geistlichen Sinne aktivieren, dann wirst du all die richtigen Voraussetzungen haben, damit Gottes Geist durch dich wirken kann. Du wirst in deinem Einflussbereich effektiv und fruchtbar werden.

Hier ist eine Liste fünf verschiedener Hindernisse, die es uns schwer machen, die Stimme Gottes zu hören, (oder durch die geistlichen Sinne zu empfangen). Möglicherweise entdeckst Du noch andere Blockaden, aber hier sind die fünf, die ich kenne.

VERDAMMNIS

Das erste Hindernis um Gottes Stimme klar hören zu können, ist ein Herz, in dem Verdammnis und Schuld ist. In diesem Herzen befinden sich unvergebene Sünden. Ich glaube, dass die Sünde keine Macht über uns hat, außer derjenigen, die wir ihr zumessen. Und wo Sünde vielleicht noch Platz in unserem Herzen in Anspruch nimmt, haben wir einfach versäumt, diesen Platz vorher mit Gottes Gnade zu füllen.

In Hebräer 10,22 steht folgendes geschrieben: „So lasst uns hinzutreten mit wahrhaftigem Herzen, in voller Gewissheit des Glaubens, die Herzen besprengt (und damit gereinigt) vom bösen Gewissen und den Leib gewaschen mit reinem Wasser."

In Jakobus 4,8 steht wiederum geschrieben: „Naht euch Gott!

Und er wird sich euch nahen. Säubert die Hände, ihr Sünder, und reinigt die Herzen, ihr Wankelmütigen!" Wenn Menschen sich schuldig fühlen, schlägt der Feind sie nieder und zieht sie weg von Gottes Stimme. Sie sind zu beschämt um zu Gott zu kommen.

Sünde ist etwas, mit dem man leicht fertig wird. Man kann Gott sofort um die Vergebung der Sünde bitten. In 1. Johannes 1,9 steht: „Wenn wir unsere Sünden bekennen, ist er treu und gerecht, dass er uns die Sünden vergibt und uns reinigt von jeder Ungerechtigkeit." Dennoch muss man es als Sünde bezeichnen und nicht nur als „Fehler". Durch Bekenntnis und Buße kann ein Mensch freigesetzt werden. Jesus wäscht ihn durch Sein vergossenes Blut rein. Er wartet immer auf uns. Wenn wir Jesus erlauben, diesen Platz in unserem Herzen mit etwas Neuem zu füllen, werden wir Leben empfangen. Dies zieht auch immer neue Taten nach sich.

Wahre Buße kommt durch einen Prozess, den wir „Austauschtherapie" nennen. Der Austausch sündhafter Werke durch göttliche Werke. Keine religiösen Werke, sondern Werke aufgrund von „Initiativen des Himmels".

Wenn wir Gott näher kommen, können wir dem Geist der Verdammnis befehlen zu gehen. Wir können kühn vor den Thron der Grade kommen, um in Zeiten der Not Hilfe zu finden. Seine Gnade ist Seine Macht, um uns über Sünde und Schuld hinweg, hinein in den Fluss der geistlichen Sinne zu führen.

Wenn jemand Bereiche von anhaltender Sünde in seinem Herzen und Leben hat, steht er unter einem Geist der Verdammnis, welcher eine Verhärtung des Herzens und somit eine Unfähigkeit, Gottes Stimme klar zu hören, hervorruft. Er kann zwar die Stimme Gottes, die ihn zur Buße führt, noch genug wahrnehmen, aber wenn es darum geht, Gottes Stimme bei alltäglichen

Entscheidungen durch eine enge Gemeinschaft mit Ihm zu hören, treibt Schuld einen Keil zwischen diese Person und Gott.

Wenden wir uns also weg von Sünde und hin zu Gott, dann werden Kommunikation und (göttliche) Führung wiederhergestellt. Der Herr kümmert sich um die tief sitzenden Probleme in unserem Leben. Wir können darauf reagieren, indem wir sagen, „Herr, ich gebe dir das jetzt ab. Kümmere du dich um mein Herz, denn ich möchte deine Stimme hören". Ist Sünde und Schuld beseitigt, nehmen wir plötzlich die Liebe des Vaters wahr und sind dazu freigesetzt, die Initiativen des Himmels zu empfangen.

Wahre Buße bedeutet nicht einfach Reue, sondern ist eine Austauschtherapie. Man hört damit auf, im Fleisch zu wandeln und wandelt im Geist. In Galater 5,16 steht geschrieben: „Ich sage aber: Wandelt im Geist, und ihr werdet die Begierde des Fleisches nicht erfüllen."

Während du im Geist wandelst, tauschst du das Alte gegen das Neue aus. Du tust Seinen Willen, anstatt deinen eigenen, indem du hörst und siehst und dann sprichst und handelst. Es geht darum, die Initiativen des Himmels zu empfangen und Jesu Werke zu tun. Dies ist eine echte Therapie des Austausches von Sünde, Schuld und Scham.

Wir hatten einen jungen Mann in unserer Gemeinde, der von Zeit zu Zeit einen Rückfall in Drogen hatte. Er rief mich dann immer an und ich sagte, er solle wieder aufstehen und versuchen den richtigen Weg zu gehen. Als er mich eines Tages nach einem weiteren Rückfall wieder anrief, empfing ich eine Initiative des Himmels für ihn. Ich sagte ihm, er solle eine Austauschtherapie beginnen. Er fragte: „Was ist das?" Ich wusste es nicht, also fragte ich den Herrn: „Was ist das?" Da offenbarte Gott mir die Wahrheit.

Ich antwortete dem jungen Mann: „Wenn du Drogen willst, musst du dich da nicht auf die Suche danach machen?" Er antwortete: „Ja." „Also von nun an, wenn du dieses Verlangen spürst und wieder kurz davor bist nach Drogen zu suchen, möchte ich, dass du es ersetzt, indem du jemanden suchst, mit dem du in diesem Moment über Jesus redest." Er fing an genau das zu tun!

Bald darauf führte er eine Person nach der anderen zum Herrn. Eines Tages sagte er: „Herr, ich brauche jemanden, mit dem ich jetzt über dich reden kann!"

Da er gelernt hatte, Initiativen des Himmels zu empfangen, sagte der Herr: „Halte dein Auto an, fang an zu hupen und ich werde Menschen zu dir führen." Er gehorchte.

Er hupte und eine Gruppe von Kindern versammelte sich um ihn herum, vielleicht weil sie dachten, er sei der Eismann. Er predigte ihnen von Jesus und leitete sie alle an, in einem Gebet Jesus in ihren Herzen zu empfangen.

Er lief zu einer nahegelegenen Gemeinde und fragte, ob sie einen Kinderdienst hätten, der die Frischbekehrten in die Jüngerschaft führen könnte. „Nein, aber wir hätten gerne einen. Wenn du kommst und sie unterrichtest, dann kannst du sie hierher bringen." Also begann dieser junge Mann einen Kinderdienst. Er brachte ihnen bei, ihre geistlichen Sinne zu aktivieren und von Gott zu hören. Sie lernten wie man mit Heilung dienen und sich im Prophetischen bewegen kann. (Einmal kam der Pastor dieser Gemeinde vorbei, um sie zu besuchen und all die Kinder versammelten sich um ihn herum und prophezeiten über ihn!)

Dieser junge Mann hörte nicht auf Menschen für den Herrn zu erreichen, an seinem Arbeitsplatz, unter den Obdachlosen, auf Missionsreisen und all das, indem er die Initiativen des Himmels ergriff. Einmal bekam er die Anweisung, einen Karton voller

Orangen zu kaufen und sie kostenlos an peruanische Fußballspieler weiterzugeben. Er lockte sie herbei, indem er „kostenlose Orangen!" rief. Nachdem sie zu ihm gerannt kamen, sagte er, er müsse erst ein paar Worte loswerden. Er sprach über Jesus und führte letztendlich die gesamte Mannschaft durch ein Übergabegebet zum Herrn!

Dieser junge Mann ist nun im vollzeitlichen Dienst als Missionar in einem anderen Land tätig und hat im wahrsten Sinne des Wortes Tausende zum Herrn geführt! Ach, und übrigens, als er die Austauschtherapie begann, in der Kraft Jesu Christi, anstatt im Fleisch zu wandeln, verkümmerte in ihm jedes Verlangen nach Drogen!

Dies bedeutet also, dass die Verdammnis eines schuldbewussten Herzens durch wahre Buße geheilt werden kann, indem wir in den Initiativen der Himmel wandeln.

Das unversöhnliche Herz

Die nächste Sache, die uns davon trennt Gott zu hören, ist ein unversöhnliches Herz. Ein solches Herz nimmt leicht etwas übel. In Matthäus 6,14-15 steht geschrieben: „Denn wenn ihr den Menschen ihre Vergehungen vergebt, so wird euer himmlischer Vater auch euch vergeben; wenn ihr aber den Menschen nicht vergebt, so wird euer Vater eure Vergehungen auch nicht vergeben." Der beste Weg, in Vergebung zu leben, ist, all die Menschen, die uns verletzt haben, an Gott, den einzig wahren Richter, abzugeben.

Vergebung bedeutet nicht, mit den falschen Handlungen

unserer Mitmenschen übereinzustimmen. Viele Menschen sagen, sie können nicht vergeben, weil sie denken, dass sie damit die Tat gutheißen. Aber das stimmt überhaupt nicht. Vergebung bedeutet ganz einfach, die Situation und die Person, die dir ein Anstoß war, in die Hände des gerechten Richters zu übergeben. Du bist nicht der Richter, Er ist es und Er wird sich um die Person und Situation kümmern, wenn du loslässt.

Solange man nicht vergibt, lebt man in Qualen. In Matthäus 18,34-35 steht diesbezüglich folgendes geschrieben: „Und sein Herr wurde zornig und überlieferte ihn den Folterknechten, bis er alles bezahlt habe, was er ihm schuldig war. So wird auch mein himmlischer Vater euch tun, wenn ihr nicht ein jeder seinem Bruder von Herzen vergebt." Die daraus resultierenden Qualen können geistlich, emotional oder physisch sein.

Ich habe erlebt, wie Menschen von verschiedensten Arten von Qualen freigesetzt wurden, nachdem sie ganz einfach ihr Recht darauf, andere zu richten, aufgegeben hatten. Ich habe Menschen gesehen, die von physischen Beschwerden geheilt wurden, während sie Vergebung übten. Ich habe erlebt, wie bei Menschen Schulden abgewendet wurden, nachdem sie anderen vergaben. Ich habe Menschen gesehen, die unter dämonischer Kontrolle waren und freigesetzt wurden, nachdem sie vergeben hatten.

Vergebung kann bedeuten, zu der Person zu gehen, die dich verletzt hat und sich über die Situation auszusprechen. In Matthäus 5,24 steht folgendes geschrieben: „So lass deine Gabe dort vor dem Altar und geh vorher hin, versöhne dich mit deinem Bruder, und dann komm und bring deine Gabe dar!" Wenn durch Aussprache Versöhnung entsteht, ist das super! Oftmals jedoch ist die andere Person nicht gewillt sich zu versöhnen oder ist womöglich schon verstorben. In diesem Fall kannst du diese Person und

Situation aus deinem Herzen nehmen und an den Herrn abgeben.

Selbst wenn du empfindest, dass jene Person, die dich verletzt hat, es nicht verdient, Vergebung zu empfangen, ist es doch so, dass du es verdient hast vom Gift der Bitterkeit frei zu sein. Vergebung bringt deiner Seele sowie deinem Körper Gesundheit und führt dich zurück in die Beziehung mit Gott, in der du Ihn hören kannst. Vergibst du, bist du nicht mehr länger emotional durch eine verletzende Tat oder Person kontrollierbar. Deine Vergangenheit kann dich nun nicht mehr länger einholen und du kannst in Freiheit durchs Leben gehen. Wenn du dich dazu entscheidest nicht zu vergeben, führt es dich auf einen Weg der Qualen und blockiert deine Fähigkeit, von Gott zu hören.

Die neun tödlichen Umarmungen

Eines Nachts sprach der Herr in einem Traum zu mir. Er zeigte mir neun tödliche Umarmungen, die der Teufel als Strategie verwendet, um Menschen in Gebundenheit zu führen. In jenem Traum sah ich, wie ein Mann von seinem zerstörerischen Lebensstil befreit wurde. Und der Herr sagte mir: „Dieser Mann ist dabei, wieder aus den neun Umarmungen herauszukommen". Danach wachte ich auf und der Herr befahl mir, diese Liste zu schreiben.

1. Verletzungen umarmen und daran Anstoss nehmen

Die erste tödliche Umarmung ist durch Verletzung Anstoß zu nehmen. Eine Person wird durch das, was jemand gesagt oder getan hat, verletzt und nimmt es ihm übel. Ein Geist des Anstoßes bzw. Ärgers steht in einer solchen Situation unmittelbar bereit. Die Bibel sagt, dass Anstöße kommen werden, es aber an jedem einzelnen von uns liegt, sich davon einnehmen zu lassen oder sie sofort an Gott abzugeben. Nimmt man einen Geist des Anstoßes an, öffnet dieser die Tür, sodass weitere folgen.

2. Einen lügnerischen Geist der Re-Interpretation umarmen

Nach dem Geist des Anstoßes kommt die Umarmung des lügnerischen Geistes der Re-Interpretation. Der Feind macht dann aus der Mücke (der Verletzung) einen Elefanten und interpretiert das ganze Geschehen um. Zum Beispiel: „Als er da seine Augenbrauen so hochgezogen hat, meinte er dies. Und als er seine Arme verschränkt hat, meinte er das." Das ist ein Lügengeist, der das Geschehen hochspielt und Dinge auf negative Art und Weise erklärt. Dies geschieht normalerweise, wenn man den Ort des Geschehens verlässt und plötzlich das Gefühl hat, die Handlung und Motive der anderen Person zu verstehen. Es fühlt sich wie der Geist der Unterscheidung an, ist aber in Wirklichkeit ein lügnerischer Geist der Re-Interpretation, den man umarmt.

3. Einen Geist der Anklage und des Richtens umarmen

Als nächstes kommt die Umarmung von dem Geist der Anklage und des Richtens. Man kritisiert und richtet die Motive im Herzen der Person, durch die der Anstoß kam. Und die Anschuldigungen nehmen ihren Lauf. Die Schrift bringt sehr klar zum Ausdruck: „Richtet nicht, damit ihr nicht gerichtet werdet."

4. Den Geist der Bitterkeit umarmen

Nummer vier ist ein Geist der Bitterkeit. Die Schrift warnt vor Bitterkeit. In Hebräer 12,15 steht folgendes geschrieben: „Und achtet darauf, dass nicht jemand an der Gnade Gottes Mangel leide, dass nicht irgendeine Wurzel der Bitterkeit aufsprosse und (euch) zur Last werde und durch sie viele verunreinigt werden." Daran, dass man das Geschehen immer wieder neu in Gedanken durchlebt, kann man erkennen, dass man verbittert ist. Man erlebt die gleichen Emotionen und beginnt sie dann anderen weiterzugeben. Die Schrift warnt vor dem Geist der Bitterkeit, da er viele verunreinigt. Es ist Gift. Eine typische Reaktion ist: „Ich zeig's ihnen schon! Ich werde Gift trinken!" Dies führt zu Qualen. Die Schrift spricht in Matthäus 18 davon, dass nachdem man Bitterkeit umarmt hat, man dem Folterknecht übergeben wird bis zu dem Zeitpunkt, an dem man vergibt. Also haben diese Folterknechte jetzt das Recht darauf gefangen zu nehmen und zu foltern. Hier kommt man nun zu einem Wendepunkt. Die ersten vier Schritte geht man willentlich. Von den nächsten fünf wird man ergriffen, ob man es will oder nicht.

Der Übergang vom Umarmen zum Umarmt werden!

5. Umarmt und Ergriffen von einem Geist der Täuschung

Die fünfte tödliche Umarmung ist ein Geist der Täuschung. Man ist darüber verwirrt, wer Gott ist, wer man selbst ist und generell über jede Wahrheit. Die Wahrheit zu kennen macht frei. Aber der Plan des Feindes ist, durch einen Geist der Täuschung, uns letztendlich von der Wahrheit wegzuführen. Der Geist der Täuschung führt uns weg von Wahrheit. Er nimmt uns gefangen in verwirrenden Glaubenssystemen und Weltanschauungen.

6. Ergriffen von einem Geist der Furcht und Depression

Bei der sechsten tödlichen Umarmung handelt es sich um einen Geist der Furcht und Depression. Nicht erklärbare Ängste und Depressionen treten auf. Man möchte sich in der Depression verstecken, Ängste kommen aus dem Nichts und man kann sie nicht kontrollieren. Ein Geist der Furcht und Depression umarmt und ergreift somit den Menschen und verursacht damit weitere Qualen.

7. Ergriffen von einem Geist des Zwangs, der Besessenheit und der Sucht

Die siebte tödliche Umarmung ist ein Geist des Zwangs, der Besessenheit und der Sucht. Dies kann Abhängigkeit von Pornographie oder Drogen oder eine ungesunde Besessenheit bezüglich einer anderen Person oder sogar zwangsneurotisches Händewaschen beinhalten. Es kann etwas Zerstörerisches sein oder auch religiös erscheinen. Es kann auch gut aussehen. Es gibt Menschen, die zwanghaft fasten, da sie sich dazu verpflichtet fühlen. Es geschieht nicht unter der Leitung des Heiligen Geistes, sondern unter einem dämonischen Geist. Besessenheit, Zwangsneurosen und Abhängigkeiten sind Zuchtmeister.

8. Ergriffen von einem Geist der Kontrolle

Nummer acht ist ein Geist der Kontrolle. Dieser Geist kontrolliert nicht nur eine Person, sondern auch andere durch sie. Sowohl die manipulative Kontrolle als auch die dominante Kontrolle haben verschiedene Masken. Sie können sich durch Schmeicheleien, Tränen, Brüllen oder subtile Manipulationen manifestieren. Es kann auch durch passive Kontrolle geschehen, wie zum Beispiel:

„Wenn du nicht tust, was ich möchte, werde ich womöglich ernsthaft erkranken." Oder eben durch aggressive Kontrolle, welche dominiert und kontrolliert. Dies ist Gebundenheit durch einen Geist der Kontrolle.

9. Ergriffen von einem Geist der Unterdrückung

Nummer neun ist die Unterdrückung der Identität. Die Identität einer Person wird durch eine dämonische Macht, welche die Person erfasst und umarmt, unterdrückt. Die Worte und Taten dieser Person werden nicht mehr von ihr selbst gesteuert, sondern von einem Geist. Dies ist die letzte Stufe der neun tödlichen Umarmungen.

Und jetzt die gute Nachricht

Die gute Nachricht bei dem Ganzen ist das, was mir der Herr im Folgenden zeigte. Wenn man auf jemanden trifft, der sich in einer dieser Stadien befindet, muss man ihn einfach zurück zur „Nummer 1" führen und sich mit dieser auseinandersetzen. Wenn sie sich von der ersten tödlichen Umarmung trennen, also von den Menschen und Geschehnissen, welche den ursächlichen Anstoß erregt hatten, so fällt das vom Feind errichtete Kartenhaus in sich zusammen. Wir haben Fälle erlebt, in denen Menschen sich dämonisch unterdrückt bei „Nummer 9" befanden. Unsere Rolle war es einfach nur dem Heiligen Geist zu erlauben, uns zu zeigen, wo Verletzung hineingekommen war. Und indem sie es alles dem Herrn abgaben, wurden sie frei.

Während einer unserer Versammlungen in Ecuador kam eine junge Frau nach vorne, um ihr Herz dem Herrn anzuvertrauen. Als wir begannen für sie zu beten, fiel sie zu Boden und dämonische Geister begannen sich in ihr zu manifestieren. Sie wälzte sich, spuckte und manifestierte Geister der sexuellen Begierde. Einige Frauen aus dieser Gemeinde eilten zu ihr, drückten sie zu Boden und fingen an zu schreien: „Das Blut Jesu!" Die Aufregung wuchs, aber ich hatte den Eindruck, dass ich den Menschen, die sich für Gebet angestellt hatten, weiter dienen sollte.

Während ich der letzten Person diente, gab der Herr mir zwei Worte der Erkenntnis für die Frau, die noch immer voller Qualen war. Genau dann kam mein Schwager, Jim Drown, zu mir und sagte: „Dennis kannst du dich nicht um sie kümmern? Sie sind bis jetzt noch nicht weitergekommen." Also lief ich hinüber und fragte die Damen, ob es ihnen etwas ausmachen würde uns alleine zu lassen. Sie waren einverstanden und gingen weg.

Ich schaute das Mädchen an und sagte: „Sieh mich an!" Noch immer unter Einfluss der Dämonen schloss sie ihre Augen und sah mich nicht an. Dann sagte ich: „Wenn du nicht mit mir arbeitest, muss ich dich so wie du bist zurücklassen." Sie strengte sich an, öffnete ihre Augen und sah mich an. Mit winselnder Stimme sagte sie: „Lass mich nicht allein. Ich brauche Hilfe." Jetzt wusste ich, dass sie mit mir kooperieren würde. Gott hatte mich dorthin geleitet. Das war eine Initiative des Himmels. Dann gab ich ihr die Worte der Erkenntnis weiter, die ich empfangen hatte.

Ich fragte sie: „Was hat dein Vater getan, weswegen du ihm vergeben musst?" Das war das erste Wort der Erkenntnis, dass sie ihrem Vater vergeben musste. Sie tat sich schwer, gestand aber letztendlich, dass ihr Vater die Familie verlassen hatte, als sie sieben Jahre alt war und dass sie ihn nie wieder gesehen hatten. Also fragte ich sie: „Kannst du ihm vergeben? Kannst du ihn an Gott abgeben?" Sie zögerte ein wenig, nickte dann aber. Sie konnte ihrem Vater vergeben.

Als nächstes fragte ich sie: „Wer war der Mann, der dich als Kind sexuell missbrauchte?" Dies war das zweite Wort der Erkenntnis, welches ich empfangen hatte, dass sie als Kind sexuell missbraucht worden war. Sie fing an zu weinen und sagte: „Ich bin kein schlechter Mensch. Ich bin nicht böse." Ich schaute sie an und sagte: „Nein, du bist kein schlechter Mensch und ich nehme Autorität über den Geist der Verdammnis, der dir gesagt hat, dass du an allem schuld bist. Also befehle ich ihm jetzt zu gehen! Wer war der Mann?" Sie musste sich sehr anstrengen mir zu antworten. Aber sie sagte mir schließlich, dass ihre Mutter ein Jahr später erneut geheiratet hatte. Im Alter von acht Jahren hatte ihr Stiefvater begonnen sie sexuell zu missbrauchen. Ich fragte sie: „Kannst du ihn auch an Gott abgeben? Kannst du ihm vergeben und ihn in die Hände des gerechten Richters übergeben? Du bist nicht der Richter, Gott ist der Richter über allem. Wenn du ihn an Gott abgibst und Gott den Richter sein lässt, wirst du frei sein." Schließlich nickte sie zustimmend.

Ich ließ sie ihre Hände zu einer Schale formen, nahm Dinge aus ihrem Herzen und legte diese in ihre Hände. Der Herr leitete mich dies zu tun. Ich nahm ihren Vater aus ihrem Herzen und legte ihn in ihre Hände. Ich nahm den anderen Mann, ihren Stiefvater, aus ihrem Herzen und legte ihn in ihre Hände. All der Missbrauch, all die Verlassenheit, Anklage gegenüber ihrer Mutter und andere Dinge, die der Herr mir durch Worte der Erkenntnis zeigte, zog ich aus ihrem Herzen heraus und legte sie in ihre Hände.

Dann sagte ich: „Es liegt nun in deinen Händen, was du damit tun willst. Ich schlage vor, du gibst alles an Gott ab." Dies ist wichtig, da sich viele Menschen in solchen Situationen hilflos vorkommen. Alles in ihre Hände zu legen, demonstrierte ihr, dass sie alle Macht über diese Dinge hatte und damit nach ihrem Willen verfahren konnte. Sie war einverstanden und so half ich ihr, die zur Schale geformten Hände zum Herrn zu erheben. Sie kämpfte gegen die Dämonen und sprach mir nach: „Herr, ich bin nicht der Richter. Du bist der einzig wahre und gerechte Richter. Ich gebe dir all die Menschen, all das Geschehene und alle Emotionen. Ich gebe dir nun all das ab."

Als sie ihre erhobenen Hände vor dem Herrn ausbreitete, wurde sie stark geschüttelt, denn es fand eine vollkommene Befreiung statt. Wir schauten sie einen Moment später an und sahen Gottes Frieden über sie kommen.

Während wir auf den Herrn warteten mit der Frage: „Gibt es sonst noch etwas?", beugte sich Jim zu mir vor, da er ein Wort vom Herrn empfangen hatte. „Sie hatte schon öfter Selbstmordgedanken." Also fragte ich sie in Spanisch: „Hattest du schon Selbstmordgedanken?" Sie nickte. Also fragte ich den Herrn diesbezüglich und er sagte: „Du hast dich schon um die zugrunde liegenden Probleme gekümmert, die den Selbstmordgedanken Anrecht gegeben haben, da zu sein. Befiehl ihnen einfach zu gehen." Also befahl ich dem Geist des Suizids auszufahren. Sie schüttelte sich wieder und wir merkten wie jener Geist ging.

Ein vollkommener Frieden kam über sie. Jim lehnte sich wieder zu mir vor und sagte: „Sie sieht gerade Jesus." Also fragte ich sie auf Spanisch: „Siehst du jetzt gerade Jesus?" Mit geschlossenen Augen nickte sie lächelnd und sagte: „Er liebt mich. Er liebt mich." Jesus diente ihr höchstpersönlich mit Seiner Liebe. Er füllte sie mit Seiner Liebe. Wir sagten ihr: „Du wirst frei bleiben, wenn du weiterhin alle Gedanken und Emotionen, die mit den vergangenen Geschehnissen zu tun haben, an den Herrn abgibst. Der Feind wird dich drängen wieder Anstoß zu nehmen – aber das wirst du nicht tun! Du hast gelernt, wie man in Freiheit lebt. Geh' nun nach Hause und bleibe in deiner Beziehung mit Gott.

Geh' in die Gemeinde, sei treu."

Am nächsten Tag kam sie wieder zur Veranstaltung und brachte ihre ganze Familie, ihre Mutter, ihren Bruder und Schwester mit. Jeder einzelne von ihnen vertraute sein Herz dem Herrn an. Ihre ganze Familie erlebte die Wiedergeburt. Und sie saß dort mit einem breiten Grinsen im Gesicht, wie aus einer Zahnpastawerbung.

Später erzählte sie uns, dass sie mit dem Zwang gelebt hatte mit wildfremden Männern Sex zu haben, wonach sie sich aber immer schlecht und dreckig gefühlt hatte. Sie war letztendlich in solch' eine Depression gefallen, dass sie sich dazu entschieden hatte, ihr Leben zu beenden. Auf dem Weg sich das Leben zu nehmen, lief sie an einer Gemeinde vorbei und entschied sich, Gott eine letzte Chance zu geben, indem sie den Abendgottesdienst besuchen würde. Sollte sich nichts ändern, würde sie sich danach das Leben nehmen. Gott begegnete ihr wahrhaftig und kam in ihr Leben!

Wir hielten Kontakt zu dieser Familie und sie dienten dem Herrn treu in der Gemeinde. An einer evangelistischen Heilungsveranstaltung in ihrer Stadt, bei der ich für Todd Bentley übersetzte, war sie Teil des Ordnungsdienstes. Als wir sie dort sahen, begrüßten wir uns mit einer Umarmung. Ihr Leben war durch die Macht und Liebe Gottes für immer verändert worden.

Vergebung setzt Menschen dazu frei, von Gott zu hören und Seinen Zielen für ihr Leben zu folgen. Die Abwärtsspirale der neun tödlichen Umarmungen beginnt mit einem unversöhnlichen Herzen, welches die Fähigkeit, Gottes Stimme zu hören, blockiert. Doch du kannst die Initiativen des Himmels empfangen, um Menschen freizusetzen. Siehst du jemanden in einem dieser Stadien, kannst du ein Beauftragter des Herrn sein um sie freizusetzen. Du kannst ihnen helfen die ursprüngliche Verletzung zu finden, vielleicht durch ein Wort der Erkenntnis, und ihnen helfen, alles an den Herrn abzugeben. Dann befehle allen damit verbundenen Geistern zu gehen. Und bete anschließend, dass die Liebe des Vaters die neu entstandene Leere füllt.

Kommt Vergebung, fließen die geistlichen Sinne wieder und man kann die Initiativen des Himmels empfangen.

STOLZ UND ANMASSUNG

Ein weiterer Grund, der uns davon abhalten kann, von Gott zu hören, sind Stolz oder Anmaßung. Sobald du denkst, dass du es wirklich drauf hast, widersteht dir Gott. In Jakobus 4,6 steht geschrieben: „Gott widersteht den Hochmütigen, den Demütigen aber gibt er Gnade." Sobald du meinst, alles ohne Gottes Hilfe schaffen zu können, lebst du in Stolz und Anmaßung, fern von der Gegenwart Gottes.

Einer der Hauptfeinde der wunderwirkenden Kraft Gottes ist kraftloses, sinnloses und anmaßendes Gebet. Wir beten so, als ob wir schon die Lösung hätten. Jesus hat das nie getan. Als er dem blinden Bartimäus mit Heilung diente, betete er nicht: „Oh Vater, ich weiß, dass du in Deiner Schrift gesagt hast, dass keine dieser Krankheiten, die du über die Ägypter hast kommen lassen, auf uns kommen lassen wirst. Ich fordere diese Heilung in meinem Namen!" Viele Leute bepredigen Gott, während sie beten! Sie werden sehr wortreich. Sie werden religiös. Aber Jesus hat nicht auf diese Weise geheilt. Er folgte einfach den Anleitungen seines Vaters vom Himmel und Wunder geschahen.

Es gibt Zeiten für Gebet und Fürbitte, aber dann gibt es Zeiten, in denen man durch Heilung dient. Es gibt Zeiten zum Predigen, aber wenn es Zeit ist die Kranken zu heilen, sind diese Dinge nicht dran. Dann ist es Zeit, sich auf das Empfangen himmlischer Initiativen zur Heilung einzustellen.

Klar, man kann den Fluss der vom Heiligen Geist inspirierten Gedanken durch das, was man aus dem Wort Gottes kennt, in Gang setzen, aber dann muss man in das hineingehen, was man nicht kennt. Man muss seine Ohren auf das einstellen, was Jesus in diesem Moment gerade tut, egal, ob man über einer Person prophezeit oder mit Heilung dient. Man kann mit Gottes *Logos*, - Seinem geschriebenen Wort - anfangen, aber dann muss man zu Gottes *Rhema*, - Seinem spontanen Wort vom Himmel - übergehen. Man kann anfangen, indem man sagt: „Gott liebt dich", was auf dem geschriebenen Wort Gottes basiert, aber dann muss man in die Initiativen des Himmels übergehen. Jesus arbeitet gerade jetzt.

Jesus sagt in Johannes 14,12: „Wahrlich, wahrlich, ich sage euch: Wer an mich glaubt, der wird auch die Werke tun, die ich tue, und wird größere als diese tun, weil ich zum Vater gehe." Beachte hier: „die Werke...die ich tue", nicht „die Werke...die ich getan habe". Er bewegt sich in der Gegenwart. Er möchte, dass du in deiner gegenwärtigen Situation mit ihm siehst, hörst und dich bewegst, indem du die Initiativen des Himmels empfängst.

Gott hasst Krankheit und Tod. Es ist immer Sein Wille Menschen freizusetzen, aber er möchte nicht, dass wir formelhaft oder gewohnheitsmäßig handeln. In Gottes Augen ist die Priorität Nr. 1 für unser Leben, ihn zu kennen, aber er möchte uns auch von aller Bedrängnis befreien. Sich in den Initiativen des Himmels zu bewegen beinhaltet beides. Man lernt Gott besser kennen, während seine Kraft durch einen fließt, weil man die Initiativen des

Himmels empfangen und im Gehorsam ausgeführt hat. In diesem Prozess treten Heilungen, Befreiungen, Wunder, Errettungen und Veränderungen auf. Es geht darum, Anweisungen aus dem Himmel zu hören und mit dem Vater zu arbeiten. Das ist was Jesus getan hat.

Jesus kommunizierte mit dem Vater, indem er Ihn hörte und sah, und in Gemeinschaft und Beziehung mit Ihm lebte. Es ist eine Beziehung, in die Er dich hineinziehen will. Er möchte, dass du in den Himmel siehst, hörst und mit ihm interagierst. Im Computer-Jargon würde man sagen: Er möchte, dass du dein „Interface" (den Anschluss) mit dem Himmel verbindest und dir deine „Downloads" von dort ziehst. Bei den Zielen und Plänen Gottes geht es nicht nur darum, Menschen zu heilen, sondern dich als Sein Kind zu entwickeln und in eine tiefere Beziehung zu Ihm zu führen. Dies ist wahrscheinlich wichtiger als die einzelne Heilung, schmälert aber nicht die Tatsache, dass Gott Krankheit hasst. Er hasst Krankheit und Er hasst Tod. Es ist immer Sein Wille Menschen geheilt zu sehen, aber Er möchte uns an den Punkt bringen, an dem wir uns mit Ihm identifizieren, an dem wir die Initiativen des Himmels hören und sehen, empfangen und befolgen.

ANMASSUNG WIDERSTEHEN

Manchmal erleben wir, dass Menschen nicht geheilt werden, aber ich empfinde dennoch, dass alles sich um eine Beziehung zu Ihm dreht. Ich liebe es zu sehen, wenn Menschen geheilt werden, aber wenn das nicht geschieht, bedeutet das, dass ich näher zu Ihm muss. Ich muss sehen, was gerade passiert. Ich brauche mehr von Seinen Gedanken, mehr von Seinen Begründungen. Oder es kann ganz einfach so sein: *diese* Heilung sollte nicht meine sein (durch mich ausgeführt werden). Jesus heilte nicht immer jeden. Da war zum Beispiel der lahme Mann, der vierzig Jahre lang vor dem Tor des Tempels in Jerusalem saß. Jesus müsste also mehr als nur einmal an ihm vorbeigegangen sein. Aber *diese* Heilung war für Petrus und Johannes aufbewahrt worden, nachdem er schon in den Himmel aufgefahren war. Dies wurde der Funke, welcher die Erweckung in Jerusalem entfachte. Die Wahrheit ist, dass Gott nicht möchte, dass jeder auf mich schaut und zu mir gerannt kommt. Er möchte, dass die Leute auf Ihn schauen und zu Ihm gerannt kommen. Deswegen aktiviert er Seinen Leib der Gläubigen diese Dinge zu tun - und nicht nur ein paar Auserwählte! Wie viele Heilungen verpassen wir, weil nicht jeder bereit ist diese Werke zu tun? Stolz und Anmaßung werden immer versuchen dich zu Werken zu verleiten, die Jesus dir gar nicht aufträgt, zu beten, ohne mit ihm zu kommunizieren.

Im Geist zu wandeln und Seine Initiativen zu empfangen wird am stärksten verhindert von natürlich gut klingenden Ideen oder religiösen Werken, welche die lebendige Verbindung mit dem Heiligen Geist ersetzen. Jesus hat das nicht getan. Er sagte: „Ich tue nur, was ich meinen Vater im Himmel tun sehe." Jede Not hier auf Erden ist eine Gelegenheit für die Macht Gottes, sie durch eine Initiative des Himmels, zu verwandeln. Menschen haben oft zugelassen, dass Blockaden den Gebrauch ihrer geistlichen Sinne behindern. So beschränken sie sich auf sich wiederholende, schwache und verzagte (kleinmütige) Gebete.

Ist dir jemals aufgefallen, dass die meisten unserer Gebete das gleiche Muster aufweisen? Sie beginnen und enden gleich mit nur wenig inhaltlicher Veränderung. Ist es verwunderlich, dass diese Art von Gebet nur wenig Gewicht hat? Jesus hat dagegen nie so gebetet. Man sieht Jesus die Initiativen Seines Vaters im Himmel

Was unsere geistlichen Sinne blockiert

empfangen und entsprechend der Anweisungen handeln und befehlen. Aus dieser Gewohnheit der Standardgebete kann man ausbrechen, indem man bewusst einen Schritt zurück macht und den Blick auf den Himmel richtet, bevor man mit Gebet loslegt. Manchmal reicht das allein jedoch nicht aus, man muss sich um die Blockaden der geistlichen Sinne kümmern.

Jesu Beziehung mit dem Vater war so tief, dass er weder dem, was der Vater tat, vorgriff noch hinterher hinkte. Er wartete, horchte und hörte den Vater. Er war Ihm nahe. Er war nicht anmaßend. Er hatte keine Angst.

Tatsächlich sagte Jesus einige Dinge, die Menschen abschreckten und bei ihnen Anstoß erregten. Wenn du zu einem Juden sagst: „Wenn du mein Fleisch nicht isst und mein Blut nicht trinkst, hast du keinen Teil an mir", könntest du gar nicht anstößiger sein. Das geschah direkt, nachdem die Menge Ihn ergreifen und gewaltsam zu ihrem König machen wollte.

Ich denke, das fällt in die Kategorie von WWJND (What would Jesus not do?) – Was würde Jesus nicht tun? Jesus wollte nicht zum König durch weltliche Initiativen gemacht werden. Er sollte zum König gemacht werden durch eine Initiative des Himmels, nicht der Erde. Als sie die Initiative auf Erden ergriffen, Ihn zum König zu machen, tat er alles, was Er konnte, bei diesem Geist Anstoß zu erregen und sie abzustoßen und es funktionierte. Die Menschen konnten weder im Geist hören noch verstehen.

Jesus sprach Worte, die nicht verstanden wurden. Die Pharisäer und Ungläubigen hatten keine Ahnung, wovon Er redete. Sie nahmen Anstoß an dem, was Er sagte und verließen Ihn plötzlich. Er fragte dann Seine Jünger: „Wollt auch ihr mich verlassen? Und sie antworteten: „Wohin sollen wir gehen? Du hast die Worte des Lebens." Sie entschieden sich auf Seine Weise zu handeln und nicht auf ihre eigene, auch wenn sie den Sinn nicht verstanden. Stolz wird uns dazu verleiten, Dinge nach unserem Verständnis zu tun. Wie wir alle wissen, sind Gottes Wege nicht unsere Wege. Deshalb kann natürliches Verständnis uns hindern in den geistlichen Sinnen zu fließen.

Stolz geht einher mit Anmaßung, denn man glaubt ohne Gottes Hilfe auszukommen. Man glaubt sogar, dass die Wege Gottes zu unvernünftig seien. In 1. Korinther 2,14 steht, dass der natürliche Mensch die Dinge des Geistes nicht empfangen kann, weil sie Dummheit in seinen Augen sind, noch kann er sie erkennen, weil sie geistlich beurteilt werden. Als König David im Alten Testament mit aller Kraft vor dem Herrn tanzte, sagte seine Frau in ihrem Stolz, dass er sich vor jedem blamiert hatte. Er antwortete, dass er sich, wenn nötig, noch mehr blamieren würde. Interessanterweise wurde sie unfruchtbar und hatte keine Kinder. Ein stolzes Herz kann keine Frucht bringen. Es ist tote Religion.

Ein stolzes Herz versteht nichts von zerbrochener Demut und ist nicht offen Gott zu hören. Es ist ein Herz, das sich gegen den Zerbruch und die Handlungsweisen Gottes sperrt. Gott sagt aber in Lukas 20,18: „Wer auf diesen Stein fällt, wird zerschellen, auf wen er aber fällt, den wird er zermalmen."

Gott wird es zulassen, dass du auf dein Angesicht fällst, um deinen Stolz zu zerbrechen. Mir kommt ein Bild von einem aufgeblasenen Ballon, aber Gott hat die richtige kleine Nadel oder den Dorn oder was auch immer es braucht, um den Ballon zum Platzen zu bringen. Einmal habe ich eine Situation erlebt, die dies illustriert.

Achtung Grube!

Vor Jahren, als ich junger Missionar in Peru war, gab es dort einmal sehr viel Regen. Die Straßen der Stadt waren überflutet mit 15 bis 20 cm Wasser, das sogar in die Läden floss. Ein Bekannter kam und bat mich ihn umherzufahren. Ich hatte ein geliehenes Auto, aber er wollte, dass ich ihn als sein persönlicher Chauffeur umherfuhr, damit er all seine Einkäufe erledigen konnte. Das ärgerte mich ziemlich. Ich dachte: „Ich bin ein Prediger des Wortes. Es gibt Wichtigeres zu tun als Taxifahrer zu spielen. Ich könnte jetzt zu Hause sein und eine Predigt über Liebe oder so schreiben." Außerdem hatte der Kerl den Ruf, dass er zu viel Zeit in Autoteile-Geschäften und Baumärkten verbrachte. Einer der Orte, wo ich ihn hinbringen sollte, war eine Autowerkstatt. Er wollte nach Autoteilen suchen. Ich war darüber nicht glücklich, ließ mich aber dazu überreden.

Ich fuhr ihn dorthin, aber nicht mit einer guten Haltung. Ich parkte vor der Werkstatt, während er hineinging. Ich wartete und wartete. Fünfzehn Minuten, dreißig Minuten, fünfundvierzig Minuten vergingen und schließlich war ich am Ende meiner Geduld. Ich dachte: „Ich gehe jetzt rein, packe ihn, schleppe ihn heraus, setze ihn irgendwo ab und fahre nach Hause."

Ich ging durch die große Doppeltür, durch die Autos und Lastwagen hineingeschleppt wurden, um repariert zu werden. Alle Arbeiter standen in einer Reihe an der Wand. Es gab keine Kundschaft, weil Wasser in die Werkstatt eingedrungen war. Ich hatte meine großen Gummistiefel an, um durch das Wasser zu laufen. Ich ging hinein, während sie alle anfingen zu kichern und auf mich zu zeigen. Ich dachte: „Was ist los?" Ich schaute an mir herunter, um zu sehen, ob mir vielleicht jemand irgendetwas angesteckt hatte, aber da war nichts. Sie lachten noch lauter, bis ich einen Schritt machte und in eine mit Wasser gefüllte Grube fiel.

In Peru haben sie keine Hebebühnen, sondern Gruben, wo sie von unten an den Lastwagen arbeiten können, und diese war mit Wasser gefüllt. Sie wussten, dass ich geradewegs darauf zuging. Ich tat einen letzten Schritt, erlebte eine vollkommene Taufe und kam wieder heraus, triefend von öligem, schmutzigem Wasser. Ich muss ein unglaublicher Anblick gewesen sein. Vorher war ich wütend gewesen, jetzt kochte ich vor Wut. Ich stürmte nach draußen und dachte: „Diesen Idioten werde ich zurücklassen!"

Ich sprang ins Auto, legte den Gang ein und fuhr geradewegs in eine weitere Grube! Die komplette Front des Autos war unter Wasser. Glücklicherweise war es ein Volkswagen mit einem Heckmotor. Doch das Wasser ging fast bis zur Windschutzscheibe. Zwei Gruben in nur zwanzig Sekunden! Ich war vollkommen außer mir und begann zu Gott zu schreien: „Eigentlich solltest du mich doch schützen! Ich bin dein Diener! Warum zwei Gruben in zwanzig Sekunden? Warum?" Dann sagte mir der Herr warum.

Er zeigte mir meine Haltung – meine Gedanken. Vor mir lief noch einmal alles ab. Er zeigte mir, wie stolz ich geworden war. Dies war genau das gewesen, was nötig war, um meine Aufgeblasenheit zum Verpuffen zu bringen. Da saß ich nun völlig durchnässt, schmutzig und ölig in einem Auto, das teilweise im Wasser feststeckte. Ich begann zu beten und Gott um Vergebung zu bitten: „Gott, vergib meinen Stolz und tu jetzt etwas."

Ich hatte gelernt, einen solchen Zerbruch hin zu nehmen, indem ich Gott fragte, was ich tun sollte, um das Werk zu vollenden. So fragte ich Gott: „Was soll ich jetzt tun?" Der Herr sprach zu mir: „Geh zurück in die Werkstatt und bitte alle Arbeiter, dir beim Herausziehen des Autos zu helfen." Ich hätte lieber einen Abschleppdienst gerufen oder irgendjemanden auf der Straße gebeten, mir zu helfen. Aber ich gehorchte und ging hinein, um dort um Hilfe zu bitten.

Als die Männer rauskamen und das Auto im Wasser sahen, sah es so aus, als bekämen sie beinahe einen Herzanfall vor Lachen. Ich war in eine Grube gefallen und war dann in eine andere gefahren. Ich wurde berühmt in der Stadt. Jedes Mal, wenn ich an diesem Ort vorbeiging, fingen sie wieder an zu lachen. Seitdem prüfte ich jedes Mal mein Herz, wenn ich an einer Grube vorbeiging. Ich überlegte: „Wie geht es meinem Herzen heute? Gibt es Stolz darin?"

Der Herr weiß, wie er uns am besten zerbrechen kann. Er weiß genau, wie Er mit Stolz und Anmaßung in unserem Leben umgehen muss, damit wir ihn klarer hören können.

Wenn wir in Demut und Hingabe und in Beziehung mit Ihm leben, können wir Initiativen des Himmels empfangen, um Wunder auf die Erde zu bringen.

EIN FURCHTSAMES HERZ

Furcht ist ein vierter Bereich, der uns davon abhalten kann Gott zu hören. In Richter 7,3 heißt es, dass Gideon all die Ängstlichen vom Kriegsvolk umkehren ließ und so kehrten 22.000 nach Hause zurück.

Abraham wurde von Gott gerufen Ihm zu folgen, obwohl Er ihm nicht sagte, wo er hingehen würde. Er musste seinen Vater verlassen und seine Angst überwinden, um zum Vater des Glaubens zu werden.

Angst kann dich lähmen und verhindern, dass du umsetzt, was du gehört hast. Wenn Er dir aufgetragen hat, etwas zu sagen oder zu tun und du hast Angst, das Risiko einzugehen da hineinzugehen, dann kann das deine Fähigkeit blockieren wieder von Gott zu hören. Der Herr redet weiter und ist geduldig, aber Er wartet auf jemanden, der bereit ist das auch zu Ende zu bringen, was Er gesagt hat – zu hören und zu gehorchen.

Die Bibel sagt, wir sehen stückweise, erkennen stückweise und wir weissagen stückweise. Du kannst also davon ausgehen, dass du Fehler machen wirst, dann geh doch einfach voran und bringe all deine Fehler auf einmal hinter dich. Geh in ein großes Einkaufszentrum, wo niemand aus der Gemeinde dich sieht und probiere es aus. Bitte Gott dir Initiativen oder prophetische Botschaften für die Menschen, die du triffst, zu geben. Wenn du Fehler machst, wird niemand aus der Gemeinde es je erfahren. Aber vielleicht funktioniert es auch richtig. So wirst du wachsen. Wenn du zulässt, dass Angst dich überwältigt, wird dies deine Fähigkeit rauben zu wachsen und von Gott zu hören. Kurze Missionstrips bieten auch eine gute Gelegenheit zum Lernen; jegliche Fehler kann man dann in nur wenigen Tagen weit hinter sich lassen. Aber die Erfolge werden guter Same für die große Ernte sein.

Wenn du Angst überwindest und in Kühnheit hinausgehst, wird deine Fähigkeit, die Initiativen des Himmels zu empfangen, anfangen zu wachsen. Was du richtig empfängst, wird mehr und mehr das Falsche überwiegen. Die geringen Konsequenzen, die unsere belanglosen Fehler haben, sind nichts im Vergleich zur Herrlichkeit, die kommt, wenn du es richtig machst!

Ein abgelenktes Herz

Der fünfte Bereich, der dich davon abhalten kann, Gott zu hören, ist ein abgelenktes Herz. Dies ist das Herz, das keine Zeit für Gott hat.

In Heb. 3,10 heißt es: „Immer irren sie in ihrem Herzen." Ablenkungen können uns davon abhalten vom Herrn zu hören. Unser modernes Leben ist so angefüllt mit Ablenkungen. Wir haben Fernsehen, Computer, Jobs, Sport, Telefon und verschiedene Aktivitäten, die unsere Aufmerksamkeit beschäftigen. Sie sind an sich nicht schlecht, es sei denn, sie füllen die Zeit, die wir mit dem Herrn verbringen sollten.

Selbst während wir unseren täglichen Pflichten in unserem Leben nachgehen, müssen wir lernen, den Herrn zu hören. Unsere Antennen sollten immer auf Empfang eingestellt sein, um zu hören, was uns der Heilige Geist sagt, egal was wir gerade tun. Wir müssen lernen, ganz bewusst Gott zu suchen, in Zeiten, die wir für Ihn allein reservieren, aber auch unsere Sinne während des Alltags auf Ihn eingestellt zu halten. Gott möchte, dass du eine ungeteilte Vision hast und ein ungeteiltes Herz – ein Herz, das fest auf Gott ausgerichtet bleibt.

Früher habe ich Gottes Reden oft unter der Dusche gehört. Wenn ich meine Dusche betrat und anfing mich einzuseifen, fing Gott an zu mir zu reden. Ich begann zu überlegen, warum das so war, und der Herr zeigte mir, dass es wegen der dort fehlenden Ablenkungen war. Kein Radio, weder Fernsehen, noch Telefon, Leute, Zeitungen oder Computer usw.

Wir dürfen es nicht zulassen, dass die Sorgen und Ablenkungen des Alltags uns davon abhalten, von Ihm zu hören. Er liebt es,

Zeit mit Seinem Volk zu verbringen und will mit uns kommunizieren. Wir brauchen es, Seine Stimme zu hören, damit wir unsere Bestimmung in der Fülle leben können.

Wenn wir die Ablenkungen ignorieren und uns den ganzen Tag auf die Impulse des Heiligen Geistes konzentrieren, können wir die Initiativen des Himmels empfangen und Segen in jeden Bereich unseres Lebens hineinbringen.

Als ich begann Zeit mit Gott in meinem Zelt zu verbringen, ging es dabei hauptsächlich um den Umgang mit Ablenkungen. Wenn ich den Reißverschluss meines Zeltes hochzog, schloss ich erfolgreich jede visuelle Ablenkung aus. Dann setzte ich Kopfhörer mit Instrumentalmusik auf und blendete somit jede akustische Ablenkung aus. So verbrachte ich Stunden an diesem Ort und lernte dabei mein Denken auf die Dinge des Himmels auszurichten (Kol. 3,2) und mit den mentalen und geistlichen Ablenkungen umzugehen. Das Ergebnis von all dem war eine Veränderung meines Charakters und eine Zunahme an Kraft aus dem Himmel, die sich in meinem Leben manifestierte.

Ich weiß, dass jeder, der gegen die Ablenkungen vorgeht und Kol. 3,1-2 gehorcht, ähnliche Ergebnisse haben wird. Darin heißt es: „Seid ihr nun mit Christus auferstanden, so sucht, was droben ist, wo Christus ist, sitzend zur Rechten Gottes. Trachtet nach dem, was droben ist, nicht nach dem, was auf Erden ist."

BEWUSSTSEIN DES HIMMELS

Wenn du dich mit den Blockaden der geistlichen Sinne auseinandersetzt und in den Geist hineindrängst, wirst du das Reich der Himmel mehr und mehr wahrnehmen. Jesus wandelte auf der Erde, war sich aber immer des Reichs der Himmel bewusst. Er bewegte sich beständig in den Initiativen des Himmels. Er hatte Seinen Vater im Himmel vor Augen und hörte Seine Anweisungen bezüglich der Nöte, denen er begegnete. Er predigte und demonstrierte das Reich der Himmel. Sein zentrales Thema und der Zweck Seines Kommens auf die Erde war die Wiedervereinigung von Himmel und Erde. Wenn du Jesus wirklich kennen willst, wirst du auch das Reich der Himmel kennen.

Empfange die Initiativen des Himmels

6

DIE WIEDERVEREINIGUNG VON HIMMEL UND ERDE

Empfange die Initiativen des Himmels

Um das Reich der Himmel völlig zu begreifen, muss man verstehen, dass Himmel und Erde nie dazu bestimmt waren, getrennt voneinander zu sein. Stattdessen wurden sie dazu geschaffen, als eine Einheit verbunden zu sein. Dies zeigt sich deutlich in den ersten Kapiteln des ersten Buches Mose, in denen man Himmel und Erde im Garten Eden vereint sieht.

Im Garten Eden gab es himmlische Bäume und irdische Bäume. Der Baum des Lebens war kein irdischer Baum, genauso wenig wie der Baum der Erkenntnis von Gut und Böse. Darum gibt es sie auch nicht mehr auf der Erde. In 1. Mose 2,9 wird erwähnt, dass Gott auch Bäume aus dem Boden wachsen ließ, welche irdische Bäume waren. Somit gab es irdische und himmlische Bäume.

Im Garten waren vier Flüsse, zwei von ihnen gibt es heute noch, den Euphrat und den Tigris. Das waren irdische Flüsse, während die anderen zwei Flüsse vollständig verschwunden sind. Einer davon floss durch das Land Hawila, in dem es eine Fülle von Gold gab. Doch da diese Flüsse himmlische Flüsse waren, haben wir sie nicht mehr auf der Erde. Es gab also irdische sowie himmlische Flüsse.

Im Garten Eden lebten auch irdische Wesen und himmlische Wesen. Gott ging im Garten umher und unterhielt sich mit dem Menschen. Adam selbst war eine Vereinigung von Himmel und Erde. Er war aus dem Staub der Erde geformt und war außerdem durch Gottes Atem belebt worden. Er war geistlich lebendig bis die Sünde in sein Leben trat. Durch die Sünde eines Menschen kam geistlicher Tod über die gesamte Menschheit (Römer 5,12).

In jenem traurigen Moment des Ungehorsams kam Tod über Adam und Eva. Gott aber, in seiner großen Liebe für die Mensch-

Die Wiedervereinigung von Himmel und Erde

heit, schob das Gericht auf. Er trennte Himmel und Erde voneinander, da weder Sünde noch Tod in Gottes Gegenwart im Himmel existieren können. Er musste den Menschen auf die Erde begrenzen, physisch noch am Leben, doch ohne himmlisches Leben. Dies geschah nicht, weil Gott zornig war, sondern als Akt der Gnade. Paulus schreibt in Römer 8, dass die Schöpfung der Vergänglichkeit (sprich: dem Tod) unterworfen war, nicht freiwillig, sondern auf Hoffnung hin. Diese Hoffnung galt dem kommenden Erlöser, der durch sein eigenes vergossenes Blut die Wiedervereinigung von Himmel und Erde für all diejenigen erzielen sollte, die an ihn glauben.

Jesus war der erste Mensch seit Adam, der mit einem lebendigen Geist geboren wurde und er hatte nicht nur das gleiche Leben wie Adam vor dem Sündenfall, sondern war ihm weit überlegen! Adam hatte eine lebendige (von Gott eingehauchte) Seele, aber Jesus kam mit einem lebendig machenden Geist auf die Erde. Er ist die Auferstehung und das Leben – der Eine, der durch seine einzigartige Empfängnis Himmel und Erde miteinander vereint. Er wurde empfangen, als der Heilige Geist Maria überschattete. Er war aus dem Menschen und aus Gott geboren, und vereinigte so Himmel und Erde wieder miteinander.

Als Jesus durch ganz Judäa und Samaria zog, demonstrierte er die vom Himmel initiierten Werke seines Vaters und gab allen, die an ihn glaubten, neues Leben. Er verkündete und demonstrierte, dass das Reich der Himmel wirklich auf die Erde gekommen war. Die ganze Fülle des Reiches war zwar für die Zukunft aufgehoben, wurde jedoch auf die Erde gebracht, wann auch immer eine Heilung oder ein Wunder geschah. Jesus war die Verbindung zwischen Himmel und Erde.

DER HIMMEL KOMMT AUF DIE ERDE

Gott versetzt uns in die Lage, wieder in den Himmel zu schauen – der Himmel wird uns immer mehr bewusst gemacht. Gottes Gnade und Erbarmen werden in solch einem Maße über uns ausgegossen, dass wir Beweise von der Wirklichkeit des Himmels sehen.

Er ruft uns – er lädt uns ein. In Matthäus 7, 7 heißt es: „Bittet, und es wird euch gegeben werden; sucht, und ihr werdet finden; klopft an, und es wird euch geöffnet werden!" Es gibt Dinge, die dazu bestimmt sind, dass wir sie finden. Er lädt uns ein und ermutigt uns in himmlische Erfahrungen hineinzukommen.

Es gibt Dinge in dieser Welt, die überwunden werden müssen. Veränderung ist in verschiedenen Bereichen unseres Lebens, unserer Nachbarschaft, unseres Landes und unserer Welt nötig. Nicht nur das offensichtliche Übel, sondern auch Dinge, die harmlos und nicht schlecht erscheinen. Das sind in Wirklichkeit Leerräume, die durch das Fehlen des Himmels auf der Erde zustande kamen. Sie schließen Menschen mit ein, die ihr ganzes Leben lang ohne Gottes Liebe und Gnade gelebt haben. Im Himmel gibt es weder Krankheit, noch Sünde, noch Schmerz oder Tod, und wenn der Himmel auf die Erde kommt, werden diese Dinge überwunden!

Welchen Nöten wir auch auf Erden begegnen, Gott hat das, was sie überwindet - das, was im Himmel geboren und auf die Erde gebracht wird (1. Johannes 5,4). Auch deshalb lehrte uns Jesus so zu beten: „Unser Vater, der du bist im Himmel … Dein Reich komme, Dein Wille geschehe, wie im Himmel so auf Erden." Wir sollen die Weisung und den Willen des Vaters empfangen und auf die Erde bringen. Das sind die Initiativen des Himmels.

Wir können die Taten und Worte, die Gott im Himmel initiiert, empfangen und auf die Erde holen.

DER HIMMEL ÜBERTRUMPFT DIE ERDE

1. Johannes 5, 4 besteht aus zwei wichtigen Teilen. Im ersten Teil heißt es: „Das, was aus Gott geboren ist, überwindet die Welt." Es könnte auch übersetzt werden mit „Jeder, der aus Gott geboren ist, überwindet die Welt". Doch mir gefällt „das, was aus Gott geboren ist", weil es über Gottes Initiativen, Gottes Weisungen und die Worte redet, die aus Gottes Mund geboren sind, welche die Welt überwinden. Er möchte uns Seine Ideen, Seine Initiativen, Seine Weisungen und Seine Gedanken geben, um sie auf die Erde zu bringen. Das bedeutet „das, was" aus Gott geboren ist, denn wenn solche Dinge auf die Erde kommen, wird jedes Problem in der Welt überwunden. Auf diese Weise vermittelt Er uns Seine Ressourcen vom Himmel auf die Erde.

HIMMEL UND ERDE – GESCHAFFEN, UM SICH ZU ÜBERSCHNEIDEN

Als Gott Adam und Eva schuf, wurden sie mit der Fähigkeit geschaffen, sowohl mit der natürlichen Schöpfung im Garten Eden, als auch mit der geistlichen Schöpfung, die für sie genauso sichtbar war, verbunden zu sein. Es gab keine Trennung zwischen den Dingen des Himmels und der Erde. Wir sehen

Adam und Eva im Garten Eden mit Gott wandeln, reden und mit Ihm Gemeinschaft haben. Sie sahen dort den Baum des Lebens und den Baum der Erkenntnis von Gut und Böse zusammen mit anderen Bäumen, die dort aus dem Boden als natürliche Bäume wuchsen. Himmel und Erde wurden geschaffen, um in einer harmonischen Weise zusammengefügt zu sein.

Ich glaube, dass Himmel und Erde als ein Ganzes existierten. Und es gibt Beweise in der Schrift, dass es wieder so sein wird. Der Apostel Paulus verkündet, dass Jesus am Ende die Dinge auf Erden mit den Dingen im Himmel wieder vereinen wird.

In Epheser 1,10 lesen wir: „für die Verwaltung bei der Erfüllung der Zeiten; alles zusammenzufassen in dem Christus, das, was in den Himmeln, und das, was auf der Erde ist - in ihm."

Am Ende des Buches der Offenbarung sah Johannes die himmlische Stadt, das Neue Jerusalem, vom Himmel herabkommen. Der Himmel kommt auf die Erde und wenn wir Zeichen und Wunder sehen, beweist das, dass Gottes Liebe und Kraft die Erde durchdringen. Dies ist ein prophetisches Zeichen der kommenden Dinge, wenn das Reich der Himmel auf die Erde kommt.

Wir sehen momentan grenzüberschreitende Manifestationen, die beweisen, dass der geistliche Bereich im Natürlichen sichtbar wird. Es kommt vor, dass Goldstaub erscheint, wenn die Gegenwart Gottes zunimmt, oder Edelsteine aus dem Nichts auftauchen. Gliedmaßen wachsen, wo zuvor keine waren und Tote werden auferweckt. Die Kraft des Himmels kommt auf die Erde! Wir sind aufgerufen, Bindeglied zwischen dieser Realität und der Erde zu werden, indem wir unsere geistlichen Sinne aktivieren.

Als Kind dachte ich, der Himmel wäre auf einer der großen Wolken, die über mir schwebten. Ich lernte in der Sonntagschule, dass wir einmal wie die Engel sein werden, weißgekleidet unsere

Harfen spielen und auf den Wolken schweben. Ich wusste nicht einmal, ob ich überhaupt in den Himmel kommen wollte, wegen all der falschen Vorstellungen, die ich vom Himmel hatte. Doch nun sehe ich den Himmel nicht mehr als irgendeinen anderen Planeten oder als einen anderen geografischen Ort. Der Himmel ist für mich genau hier, doch auf einer anderen Ebene.

Erinnere dich, Himmel und Erde waren bei der Schöpfung im Garten Eden zusammen, doch als die Sünde kam, wurden sie auseinander gerissen. Als Adam und Eva sündigten, starben sie geistlich und damit auch in Bezug auf den Himmel. In Lukas 19,10 sagt die Schrift, dass Jesus kam, um suchen und zu retten, was verloren war. Wenn wir diesen Vers anschauen, betrachten wir ihn meistens aus der Sicht dessen, was Gott verloren hat. Er verlor die Gemeinschaft und die innige Beziehung mit der Menschheit. Er kam, um die zu suchen und zu retten, die verloren waren, doch der Vers sagt eigentlich: „das, was verloren war", und schließt den Himmel mit ein.

Was verloren wir also aus unserer Sicht, als Himmel und Erde voneinander getrennt wurden, und Adam und Eva sündigten? Wir verloren ein ewiges Leben – Körper, Seele und Geist - die keine Sünde und keine Krankheit kannten. Wir verloren ein Leben mit Gott im Himmel. Wir verloren alle Vorteile des Himmels. Doch Jesus kam, um das zu suchen und zu retten, was für Gott verloren war - und ebenso um das zu suchen und zu retten, was für dich verloren war!

Wie in Epheser 1,10 steht, ist Jesus gekommen, um alle Dinge im Himmel und auf Erden eins zu machen in Ihm. Ich glaube, dass es Gottes Weg und Plan ist, sowohl den Himmel und die Erde, als auch die ganze Schöpfung wieder miteinander zu vereinen. Das Wort Gottes sagt, dass die ganze Schöpfung seufzt und sehnsüchtig auf die Offenbarung der Söhne Gottes wartet. Sie seufzt und wartet sehnsüchtig auf die Wiederherstellung des Himmels auf der Erde. Ich glaube, dass die ganze Schöpfung Schmerzen und Tod erleidet, bis zu der Zeit, in der Himmel und Erde wieder miteinander vereint werden durch die Söhne Gottes, die die Initiativen des Himmels ergreifen.

Jesus – zweidimensional, im Himmel und auf der Erde

Jesus erklärte Nikodemus, was es bedeutet, den Himmel zu sehen und in den Himmel hineinzukommen. Wir haben himmlische Erfahrungen als zukünftige Ereignisse gedeutet, entweder wenn wir sterben oder wenn der Herr wiederkommt. Doch Jesus wartete nicht auf den Tod, um in den Himmel hineinzukommen. In Johannes 3,13 stand Er vor Nikodemus und sagte: „Gerade jetzt bin ich im Himmel."

Er sagte: „… niemand ist hinaufgestiegen in den Himmel, außer dem, der aus dem Himmel herabgestiegen ist, dem Sohn des Menschen, der im Himmel ist"(Schlachter). Jesus bezeugte, dass Er sich im Himmel befand, während Er gerade in den Straßen Jerusalems und Judäas herumging. Er war der zweidimensionale neue Mensch der Schöpfung, der gleichzeitig auf der himmlischen und der irdischen Ebene lebte.

Jesus war auf der Erde in Jerusalem, dennoch sagte Er zu Nikodemus, dass Er sich im Himmel befände! „…der Sohn des Menschen, der im Himmel ist." Ich glaube, dieser Aufstieg in den Himmel geschah, als Er mit Wasser getauft wurde und der Geist in

Form einer Taube auf Ihn kam. Er wurde gleichzeitig wasser- und geistgetauft. Sofort öffneten sich die Himmel und Gottes Stimme kam vom Himmel und sprach: „Du bist mein geliebter Sohn, an Dir habe ich Wohlgefallen gefunden." (Lukas 3,22). Jesus fuhr im Geist in den Himmel auf und fing an, gleichzeitig im Himmel und auf der Erde zu leben! Von diesem Moment an begann Er Wunder zu tun. Er wurde vom Geist in die Wüste geführt und danach hinein in ein Leben voller Zeichen und Wunder. Vor dieser Erfahrung wurden keine Wunder vollbracht. Später, nach Seinem Tod und Seiner Auferstehung, sollte auch Sein Körper in den Himmel auffahren.

Am Tag vor Seinem ersten Wunder, sagte Jesus in Johannes 1,51 zu Nathanael: „Ihr werdet den Himmel geöffnet sehen und die Engel Gottes auf- und niedersteigen auf den Sohn des Menschen."

Gleich der nächste Vers (Johannes 2,1) redet vom „nächsten Tag…" und führt uns in die Geschichte vom Wunder in Kana in Galiläa. Der Himmel wurde geöffnet und kam durch Jesus auf die Erde, als Er die Initiativen des Himmels empfing.

Jesus war der himmlische Mensch, der auf die Erde kam, um Himmel und Erde zu vereinen. Man könnte sagen, dass „Sein Kopf in den Wolken war und Seine Füße auf der Erde." Seine Weisungen kamen vom Himmel, und Er lebte sie auf Erden aus. Alles, was Jesus tat, wurde vom Himmel initiiert. Das war Sein eigentliches Zeugnis. Er sagte nichts, außer was er Seinen Vater im Himmel sagen hörte. Jesus hatte Seine Ohren auf den Himmel eingestellt, auf die Stimme Seines Vaters.

Er sagte, dass der Mensch nicht vom Brot allein lebe, sondern von jedem Wort, das aus dem Munde Gottes kommt. Das war Sein Lebensstil - Seine Ohren waren auf die Worte vom Himmel eingestellt. Jesus fragte einmal Seine Jünger, ob sie Ihn verlassen würden, und sie sagten: „Wie könnten wir Dich verlassen? Du bist derjenige, der die Worte des Lebens hat." Sie waren sich bewusst, dass die Worte, die Er sprach, nicht nur Gedanken oder Philosophien waren; sie waren auch nicht nur nette Lektionen. Er war nicht nur einfach ein großartiger Lehrer. Er war der Mensch aus dem Himmel, der auf der Erde lebte und mit jedem Wort, das Er sprach, Leben vermittelte. Seine Worte waren lebensspendend. Sie sagten: „Du hast Worte des Lebens." Es hatte sie so beeindruckt, dass sie sich nicht vorstellen konnten, Ihn zu verlassen, weil Er derjenige war, der die Worte des Lebens sprach. Doch ging es über Seine Worte hinaus, auch Seine Handlungen und Werke waren lebensspendend.

Als Jesus Sein erstes Wunder vollbrachte, kam Hilfe vom Himmel auf die Erde. Sie kam, wenn Er Kranke heilte, Tote auferweckte, Aussätzige reinigte und wenn Er die gute Nachricht von der neuen Ausgießung des Reiches der Himmel predigte.

WIR SIND ZWEIDIMENSIONAL

Matthäus 10, 7-8 beauftragt uns, die gleichen Werke zu tun wie die Jünger Jesu. Wir sollen die Gute Nachricht predigen, die Kranken heilen, die Toten auferwecken, die Aussätzigen reinigen und die Dämonen austreiben. Wir sollen aus unserem „Geist-Menschen" heraus leben, der bereits im Himmel ist. Das Wort Gottes sagt in Kolosser 3,3: „Denn ihr seid gestorben, und euer Leben ist verborgen mit dem Christus in Gott." Dabei steht „…ist verborgen" im Präsens und bezieht sich auf die Gegenwart. Unser Geist ist gerettet und vollkommen im Himmel. Unser Geist kann nicht heiliger werden, als er jetzt schon im Himmel ist.

An unserer Seele wird noch gearbeitet und wir werden beauftragt an unserer Errettung mit Furcht und Zittern zu arbeiten (Philipper 2,12). Das geschieht durch unsere tägliche Hingabe an Seinen Geist. Charakterzüge werden täglich verändert.

Unser Körper wird noch gerettet werden, „…in einem Moment, in einem Augenblick…" werden unsere Körper verwandelt werden, um Gottes vollständige Rettung offenbar werden zu lassen für uns, in Körper, Seele und Geist.

Wenn wir nun mit Christus an himmlischen Örtern sitzen (Kolosser 3) und unsere Körper hier auf der Erde sind, dann sind wir zweidimensionale Wesen.

Wir haben die gewaltige Verantwortung, die Kanäle für die Kraft des Himmels zur Erde zu sein. Dennoch nehmen wir oft keine Notiz davon und leben einfach ein natürliches Leben. Der Herr möchte, dass wir im Gebrauch unserer geistlichen Sinne wachsen, damit wir die Dinge des Himmels ergreifen und sie auf der Erde weitergeben können, damit Wunder geschehen.

Jesus sagte in Johannes 3,8: „Der Wind weht, wo er will, und du hörst sein Sausen, aber du weißt nicht, woher er kommt und wohin er geht; so ist jeder, der aus dem Geist geboren ist."

Wir werden zu „Wind-Menschen", wenn wir vom Geist geführt werden. Es heißt: „Der Wind weht…so ist jeder, der aus dem Geist geboren ist." Wir werden zu Kindern des Himmels, wenn wir vom Geist hierhin und dorthin geweht werden und Seine Werke tun. Wir müssen dem Beispiel Jesu folgen, aus dem Geist und von den Initiativen des Himmels zu leben. Indem wir das tun, werden wir Veränderungen sehen, wo auch immer wir hingehen.

Jesus empfing Initiativen vom Himmel

Die Kraft und das Leben des Himmels überwinden stets die Gesetze der natürlichen Schöpfung. „Denn alles, was aus Gott geboren ist, überwindet die Welt." (1. Johannes 5,4).

Alles was uns Gott aufträgt hier und jetzt zu tun, überwindet die natürlichen Gesetze der Erde.

Deshalb konnte Jesus auf dem Wasser gehen und somit die natürliche Schwerkraft überwinden. Er konnte den Sturm stillen und so Macht über das natürliche Wetter demonstrieren. Er konnte mit einer goldenen Münze aus dem Maul eines Fisches die Steuern zahlen, weil Er die himmlische Versorgung anzapfte. Manche denken, dass die Versorgung im Maul des Fisches gefunden wurde, aber eigentlich kam sie aus dem Mund Jesu. Als Er das Wort vom Himmel aussprach und jemand danach handelte, geschah das Wunder. Der Mensch lebt nicht vom Brot allein, sondern von jedem Wort, das aus dem Munde Gottes kommt. Unsere Versorgung kommt, wenn wir Seinem Wort gehorchen, also aus unserem Gehorsam der Initiative des Himmels gegenüber.

Hast du jemals fünftausend Leute zum Essen ausgeführt? Jesus hat es getan. Er war nicht auf natürliche Ressourcen oder Versorgung beschränkt. Er zapfte den Himmel an. Er schaute in den Himmel, um zu sehen, was der Vater gerade dabei war zu tun, damit Er nach Seinem Plan handelte. Man bedenke, das Essen fiel nicht einfach so vom Himmel. Jesus empfing eine Initiative vom Himmel und benutzte, was schon vorhanden war – das Mittagessen eines kleinen Jungen. Gott gefällt es mit den Menschen zusammenzuarbeiten und sie am Wunder teilhaben zu lassen.

Jesus segnete es, teilte es und gab es den Jüngern, um die Fünftausend zu speisen. Eine kleine Handlung und eine kleine Portion Essen im Vergleich zu einem immensen Bedürfnis. Doch wenn du das tust, was Er im Himmel gerade tut, auch wenn es nur eine kleine Tat ist, geschieht das Wunder.

DER BIBLISCHE KONTEXT

Zu der Zeit, als Jesus auf der Erde war, verstanden die Juden, was das Kommen des Reiches Gottes bedeutete, weil sie gelehrt wurden, dass eines Tages ein Messias und Sein Königreich kommen würde und sie von der Knechtschaft, unter der sie lebten, befreien würde. Die Prophetien besagten, dass dann jede Träne abgewischt und Schmerzen und Trauer fliehen würden. Diese Prophetien finden sich im gesamten Alten Testament, aber in ihrem begrenzten Verständnis dachten sie, dieser Messias würde mit einer Armee kommen und sie von der bedrückenden römischen Herrschaft befreien.

Jesus kam und heilte die Kranken, weckte die Toten auf, trieb Dämonen aus und predigte, indem Er sprach: „Das Reich der Himmel ist nahe." Er kam nicht auf die erwartete Art und Weise, mit einer Armee, um die Unterdrücker zu stürzen, sondern in einer weit höheren Dimension. Er kam um die ganze Welt aus der Sklaverei von Sünde, Krankheit und Gebundenheit unter Satan zu befreien und schließlich auch vom Tod selbst.

Im Garten Eden, zur Zeit der Schöpfung, hatte Gott Adam und Eva die Autorität über die Erde gegeben. Durch Versuchung und Sünde verlor der Mensch diese Autorität und sie wurde Satan zuteil. Durch den Tod und die Auferstehung Jesu, gewann Er diese Autorität zurück. Er kam um Sein Königreich hier auf Erden aufzurichten.

Deshalb konnte Jesus sagen: „Wenn ich aber durch den Geist Gottes die Dämonen austreibe, so ist also das Reich Gottes zu euch gekommen."(Matthäus 12,28). Mit anderen Worten: Als Er Menschen aus der Knechtschaft Satans befreite, richtete Er den Herrschaftsbereich eines neuen Königreichs auf.

Durch Seinen Tod und Seine Auferstehung errang Jesus den endgültigen Sieg über Satan. Sein Opfer bezahlte die Schuld für die Sünde der Menschheit, die dazu geführt hatte, dass sie am Anfang ihre Autorität verloren hatten. Er gewann sie zurück!

In Matthäus 28 sagte Jesus Seinen Jüngern: „Mir ist alle Macht gegeben im Himmel und auf Erden. Geht nun hin und macht alle Nationen zu Jüngern, und tauft sie auf den Namen des Vaters und des Sohnes und des Heiligen Geistes, und lehrt sie alles zu bewahren, was ich euch geboten habe!"

Er gewann die Autorität von Satan zurück, gab die Schlüssel der Menschheit zurück und gab ihnen den Auftrag Sein Königreich auf der ganzen Welt zu verbreiten, indem sie alle Nationen zu Jünger machen. Er sagte in Matthäus 16,19 „Ich werde dir die Schlüssel des Reiches der Himmel geben; und was immer du auf der Erde binden wirst, wird in den Himmeln gebunden sein, und was immer du auf der Erde lösen wirst, wird in den Himmeln gelöst sein." Jesus sagte uns, dass wir das Werk der Sünde und von Satan binden können und dass wir Heilungen, Segnungen und Wiederherstellung hier auf Erden freisetzen können. Wir können Menschen von ihrer Bindung an Sünde und Tod befreien. Jesus fordert uns auf, Seine Herrschaft, die Er schon errungen hat, geltend zu machen.

Wie man die Werke des Königreichs tut

Jesus ging in Judäa umher, indem er Wunder tat und die Kranken heilte. Er vollbrachte diese Werke nicht aus Seiner Göttlichkeit heraus, sondern als Mensch. Viele Leute meinen, dass Jesus diese Werke als der Sohn Gottes tat, durch Seine eigene göttliche Kraft, aber Er macht uns in Johannes 5,19 klar, dass: „… der Sohn nichts aus sich selbst tun kann…" Das scheint eine zu einfache Theologie zu sein, doch wenn wir glauben, dass Jesus aus sich selbst heraus Macht hatte, kann das uns an unserer eigenen Fähigkeit zweifeln lassen, Seinem Beispiel nachfolgen zu können. „Ich kann diese Dinge nicht tun, weil ich nicht Gott bin", mögen wir folgern. Doch Jesus sagte in Johannes 14,12 „Wahrlich, wahrlich, ich sage euch: Wer an mich glaubt, der wird auch die Werke tun, die ich tue, und wird größere als diese tun." Jesus vollbrachte all Seine mächtigen Werke als Mensch.

Jesus war ganz Gott und ganz Mensch, dennoch erzählt uns Philipper 2,5-8, dass Er alle Seine göttlichen Eigenschaften wie Allwissenheit, Allmacht und Allgegenwart aufgab. Jesus, der allmächtige, allwissende, ewige und gegenwärtige Gott, legte all diese Eigenschaften nieder und wurde als verletzliches Baby in einem Stall geboren. Er tat das, um sich mit dir und mir zu identifizieren.

Jesus machte kein Geheimnis daraus, wie Er in der Lage war Wunder zu tun, sondern erklärt es uns folgendermaßen:

Johannes 5,19: „Da antwortete Jesus und sprach zu ihnen: Wahrlich, wahrlich, ich sage euch: Der Sohn kann nichts von sich selbst tun, außer was Er den Vater tun sieht; denn was der tut, das tut ebenso auch der Sohn."

Geistliches Sehen rüstet uns aus die Werke Jesu zu tun. Jesus tat das, was Er den Vater tun sah und viele Wunder und Heilungen geschahen. Wenn wir uns Zeit nehmen, um zu sehen und zu hören, wann immer wir mit einer Not konfrontiert werden, werden auch wir die Werke sehen, die Jesus durch uns vollbringen möchte.

Lasst uns nochmals Johannes 5,19 näher betrachten. Im ersten Teil sagt Jesus folgendes: „Der Sohn kann nichts aus sich selbst tun." Das ist eine interessante Bemerkung. Wenn du angenommen hast, dass Jesu Fähigkeit zu heilen, Wunder zu tun und auf dem Wasser zu gehen, aus Seinem Gott-Sein stammt, liegst du falsch. Er ist Gott, aber so hat Er nicht Seine Werke getan. Jesus identifizierte sich als der Sohn des Menschen. Er kam, um sich mit dir zu identifizieren.

Jesus war Gott, der auf die Erde gekommen war, aber in der Begrenztheit eines Menschen. Er kam als vollkommener Sohn, damit wir nach Seinem Vorbild Seiner Führung folgen und Ihm so in Seinen Werken nachfolgen können. Er kam als derjenige, in dessen Fußstapfen wir treten sollen. Petrus schreibt, dass Jesus kam, um uns ein Beispiel zu hinterlassen, damit wir Seinen Fußstapfen folgen. Wenn Jesus Seine Werke durch Seine Göttlichkeit getan hätte, dann könnten wir nicht folgen, weil man nicht in solch große Fußstapfen treten kann. Doch wenn Jesus als Menschensohn auf der Erde wandelte und die Werke Seines Vaters durch Seine Menschlichkeit tat, dann können wir Seinen Schritten folgen.

Wenn man Philipper 2,6 studiert, liest man, dass Jesus die Gottgleichheit nicht als etwas erachtete, das Er festhalten musste, sondern Er entleerte sich selbst. Er entledigte sich der Attribute Gottes und kam in Menschengestalt. Er ließ Seine Gottheit und die göttlichen Eigenschaften, wie Allwissenheit und Allgegenwart, zurück.

Allgegenwart ist eine der göttlichen Eigenschaften der Dreieinigkeit. Gott ist überall. Bevor Er in menschlicher Gestalt auf die Erde kam, existierte Er überall an allen Orten. Nachdem Er wieder in den Himmel aufgefahren war, nahm Er diese Eigenschaften erneut an. Deshalb können wir auch zu Ihm beten. Wo immer zwei oder drei sich auf der Erde treffen, ist Er da, weil Er nun wieder allgegenwärtig ist. Aber während der Zeit Seines Dienstes auf der Erde entleerte Er sich von all diesen Attributen Gottes und war nicht länger allgegenwärtig. Auf die Erde kam Er als Baby.

Als Mensch war Er nicht länger allwissend. Er wusste nicht alles. Deshalb fragte Er: „Wer hat mich berührt?", als die Frau mit dem Blutfluss Ihn berührte und Heilung empfing. Er spürte, wie Heilungskraft von Ihm ausging, doch musste Er fragen, wer Ihn berührt hatte.

Er legte auch Seine Allmacht ab, um Sein Leben niederzulegen und am Kreuz zu sterben und uns von unseren Sünden zu retten. Er hätte den Vater anrufen können. Er hätte vom Kreuz gerettet werden können; doch deswegen war Er ja gekommen, um am Kreuz zu sterben, um für die Sünde der Menschheit zu bezahlen, um die Autorität von Satan zurückzuerobern und sie uns wiederzugeben.

Später stand Jesus von den Toten auf, fuhr in den Himmel auf und übernahm wieder alle Eigenschaften von Allwissenheit, Allgegenwart und Allmacht. Er ist nun wieder allwissend, Er hat wieder die gleiche Stellung, die Er beim Vater hatte, bevor Er auf die Erde kam. Er, der herabgestiegen war, ist wieder aufgestiegen und ist nun Herr über alles. So steht es in der Bibel.

Doch als Jesus auf die Erde kam, wurde Er in demselben

Zustand geboren wie du und ich. Freiwillig entschied Er sich, sich zu entäußern und in menschlicher Form zu kommen und alles zu erleiden, was du und ich erleiden. Er erlebte jede Einschränkung, jede Leidenschaft und jeden Bereich, in dem wir leiden, jedoch ohne Sünde. Jesus entäußerte sich selbst, kam in Form eines Menschen und vollbrachte Wunder durch das Werk des Heiligen Geistes. Darum konnte Er in Johannes 5,19 sagen: „Der Sohn kann nichts von sich selbst tun." Allein diese eine Stelle bestätigt, dass Er nicht Seine eigene Kraft benutzte. Er wurde menschlich, um uns ein Bespiel zu geben, wie wir Wunder vollbringen können. Später sagte Jesus das gleiche über uns: „Ohne mich könnt ihr nichts tun."

Wie nun wirkte Jesus Wunder? Erstens kam der Heilige Geist auf Ihn, als Er im Wasser getauft wurde. Von dieser Zeit an, begann Er Wunder zu tun. Wenn man das irdische Leben von Jesus betrachtet, passierten keine Wunder in Seinem Dienst, bis der Heilige Geist über Ihn kam. Er ging hinab zum Jordanfluss, wo Er im Wasser getauft wurde. Als Er aus dem Wasser herauskam, kam der Heilige Geist auf Ihn und blieb auf Ihm. Danach wurde Er vom Geist in die Wüste geführt, wo Er vierzig Tage lang versucht wurde. Von dort aus ging Er zur Hochzeit von Kana, wo Er Wasser in Wein verwandelte. Die Bibel sagt, das war das erste Seiner Wunder. Vorher gab es keine Wunder. Es passierte, nachdem der Heilige Geist auf Ihn gekommen war.

Zweitens schaute Jesus in den Himmel und beobachtete, was der Vater dabei war zu tun und kopierte es auf der Erde. Das war leicht für Ihn, weil Er viel Zeit mit dem Vater verbrachte. Oftmals verbrachte Er die ganze Nacht im Gebet auf einem Berg oder stand früh auf, um fern von der Menge Zeit mit Ihm zu verbringen. Er war dem Vater nah, empfing Seine Liebe und gab sie der Welt weiter. Er sah in den Himmel und tat auf Erden was Er Seinen

Papa tun sah. Er wiederholte es getreu und genau auf der Erde und Wunder geschahen.

Dies zeigt uns ein wunderbares Bild vom Vater, Sohn und dem Heiligen Geist, die zusammen wirken, um mit der Kraft des Himmels auf die Angelegenheiten der Menschheit einzuwirken. So möchte der dreieinige Gott auch durch dich wirken. Wunder geschehen durch eine andauernde Beziehung mit Ihm, nicht durch Lernen einer bestimmten Formel.

Wenn man im Neuen Testament alle Arten betrachtet, wie Jesus Blinde geheilt hat, sieht man, dass es nicht nach einer bestimmten Formel geschah. Er machte aus Spucke und Erde einen Brei und strich sie auf die Augen eines Blinden und befahl ihm sich zu waschen. Der kam völlig geheilt zurück. Ein andermal sagte Er einfach: „Dein Glaube hat dich geheilt." Wieder ein anderes Mal trieb Er einen Geist aus und ein blinder und tauber Mann wurde geheilt. Warum machte Er es jedes Mal anders? Weil Er Seinem Vater zuschaute und tat was Er Ihn im Himmel tun sah.

Die göttliche Verbindung, die Jesus zum Himmel hatte, war der Heilige Geist, der auf Ihn gekommen war. Du und ich können die gleiche Erfahrung haben, bei der der Heilige Geist auf uns kommt und uns befähigt zu sehen, was Gott im Himmel gerade tut. Durch den Heiligen Geist sind wir fähig die Dinge zu sehen, die passieren sollen. Das bestätigen die Kapitel von Johannes 14, 15 und 16. Viele Verse in diesen drei Kapiteln berichten uns, was das Werk des Heiligen Geistes ist. Er redet zu uns, offenbart uns Dinge, führt und lenkt uns. So füllt uns der Heilige Geist und dann bekommen wir die Fähigkeit zu sehen, was der Herr gerade tut. Wir erhalten die Fähigkeit, die Initiativen des Himmels zu empfangen.

Als Jesus die Erde verließ und in den Himmel zurückkehrte, gab Er uns den Auftrag Seine Werke zu tun. Er hinterließ uns ein Beispiel, wie wir Seine Werke tun sollen, als Er sagte: „Ich tue nur, was ich den Vater tun sehe." Wir müssen Seine Werke auf Seine Art tun. Wir müssen die Initiativen des Himmels empfangen und auf Erden tun, was Er im Himmel tut, durch den Heiligen Geist in uns. Wir müssen unsere geistlichen Sinne aktivieren, die in uns geboren wurden, als wir unser Leben Jesus Christus gaben.

In diesen letzten Tagen wird eine prophetische Armee aufstehen, um vom Himmel zu hören und Antworten auf die Erde zu bringen, um eine Leiter in den Himmel zu sein - durch den Heiligen Geist. Um die Macht des Himmels auf der Erde zu demonstrieren. Um ohne irdische Einschränkungen den Überfluss des Himmels auf die Erde zu bringen. Um Gottes Stimme für die Welt zu sein und Gottes liebende Arme für die Verlorenen. Um die Weisheit von Oben in allen Bereichen des Lebens zu demonstrieren. Das ist unser Auftrag während wir in unseren physischen Körpern leben.

ES IST AN DER ZEIT VON OBEN HER ZU LEBEN - DORT, WO WIR LEBEN

ES IST AN DER ZEIT, GOTT AUF DER ERDE ZU MANIFESTIEREN - DORT, WO WIR LEBEN

WENN DU DIES TUN WILLST, DANN:

Empfange
Die Initiativen des Himmels

INFORMATIONEN ÜBER DUNAMIS

DUNAMIS ARC (APOSTOLIC RESOURCE CENTER)

Im Jahr 2004 begann Gott uns eine Vision für ein Apostolisches Trainingszentrum zu geben. Dies sollte eine Schule des Dienstes, ein kostenloses Ressourcenzentrum und ein Gebetszentrum beinhalten. Dieses Trainingszentrum sollte Menschen in prophetischer Evangelisation, im Heilen der Kranken und auch im Dienst der inneren Heilung und Befreiung aktivieren und sollte auf einer biblischen Grundlage basieren. Die Idee ist es, die ganze Stadt damit zu segnen und auch die Türen für jeden aus der ganzen Welt zu öffnen, der darin trainiert werden möchte, die Werke Jesu zu tun.
Wir sind uns bewusst, dass der Herr gerade dabei ist, Seinem Leib Transformation zu bringen; dass die veralteten Gemeindestrukturen nicht mehr ausreichend für die kommenden Aufgaben sind. Wir glauben, dass wir zu einem gewissen Grad die christliche Gemeinschaft der nahen Zukunft modellieren. Wir glauben außerdem, dass dieses Model und seine Anpassungen sich über den gesamten Globus verbreiten werden.

DUNAMIS TI (TRAINING INSTITUTE - TRAININGSINSTITUTE)

Dunamis TI wurde aus dem intensiven Wunsch geboren, ein in die Tiefe gehendes Training für Menschen anzubieten, die sich wünschen die Werke Jesu überall, wo sie wohnen, tun zu können. Es bietet ein kurzes Intensivprogramm, eine mittelfristige oder einer länger andauernde Trainingsschule an. Die Lektionen beinhalten Bibelunterricht und praktische Umsetzung im Klassenzimmer, sowie auf der Straße. Das Dunamis Training Institute begrüßt auch internationale Studenten.

Dunamis Power Training

Die jährlichen *Dunamis Power Training* Konferenzen bieten dreitägige Intensivprogramme in Theorie und Praxis an.

- Lerne deine geistlichen Sinne zu aktivieren.
- Lerne dich im Prophetischen zu bewegen.
- Lerne dich in Heilung zu bewegen.
- Lerne in den Himmel zu sehen und hinein zu gehen
- Lerne, wie du für jedes Bedürfnis Zugang zur Hilfe des Himmels bekommen kannst.

Weitere Informationen findest du auf unserer Webseite: **www.DunamisARC.org**.

WEITERE BÜCHER HERAUSGEGEBEN VON DUNAMIS

Erhältlich auf

www.DunamisARC.org

Begegungen im Himmel
-eine Kurzbiographie von Lynnie & Dennis Walker

von

Lynnie Walker

Lynnie und ihr Mann Dennis Walker dienten als junge Missionare im peruanischen Dschungel in Südamerika. 1985 zogen sie nach Las Vegas, Nevada, in den Vereinigten Staaten. Wo auch immer sie lebten, lernten sie auf Gott zu hören und den Zugang zu der Kraft des Himmels zu nutzen, um die Werke Jesu zu tun.

Diese Erzählungen sollen dazu dienen, jeden darin zu ermutigen, dass Begegnungen im Himmel auch heute noch möglich sind, für diejenigen, die Gott lieben, ihn suchen und auf Erden umsetzen, was er im Himmel tut. Wenn Menschen ihre geistlichen Sinne aktivieren, können sie die Liebe und Kraft des Himmels auf die Erde holen und Veränderung bringen, wo auch immer sie hingehen.

Erhältlich in Deutsch, Englisch, Spanisch und Französisch!

TEN WAYS GOD SPEAKS
VON
LYNNIE WALKER

Gott spricht jederzeit. Viele sagen, dass sie Ihn nicht hören, doch in diesem Buch wirst du zehn der vielen Arten finden, wie Gott auch heute noch redet. Du wirst vielleicht überrascht sein, wenn du herausfindest, dass du ihn schon die ganze Zeit hörst. Es wird dir helfen dich für einen aufregenden Weg mit ihm zu öffnen.

Es wird immer wichtiger die Stimme Gottes in diesen letzten Tagen zu hören. In diesem Buch wirst du Tipps finden, wie du dich positionieren kannst, um Seine Stimme zu hören. Wenn du lernst die Kraft des Himmels mit der Erde zu verbinden, wird das Segen in jeden Bereich deines Lebens freisetzen.

Vorerst nur in englischer Ausgabe erhältlich

Weitere Lehren von Dennis und Lynnie Walker sind online als CD oder DVD oder als KOSTENLOSER Download erhältlich, unter **www.DunamisARC.org**.